LIDERANÇA
NO DIVÃ

RICARDO CHAVES

LIDERANÇA NO DIVÃ

Uma análise
ACOLHEDORA, HUMANIZADA E PRÁTICA
sobre o desafio de LIDERAR

DVS EDITORA

www.dvseditora.com.br
São Paulo, 2022

LIDERANÇA NO DIVÃ

DVS Editora Ltda 2022

Todos os direitos para a língua portuguesa reservados pela Editora.

Nenhuma parte deste livro poderá ser reproduzida, armazenada em sistema de recuperação, ou transmitida por qualquer meio, seja na forma eletrônica, mecânica, fotocopiada, gravada ou qualquer outra, sem a autorização por escrito dos autores e da Editora.

Capa, projeto gráfico e diagramação: Joyce Matos
Revisão: Hellen Suzuki
Ilustrações: Cibele Maldonado

```
Dados Internacionais de Catalogação na Publicação (CIP)
          (Câmara Brasileira do Livro, SP, Brasil)

Chaves, Ricardo
    Liderança no divã : uma análise acolhedora,
humanizada e prática sobre o desafio de liderar /
Ricardo Chaves. -- São Paulo : DVS Editora, 2022.

    ISBN 978-65-5695-059-4

    1. Administração 2. Competências 3. Inteligência
emocional 4. Liderança 5. Saúde mental I. Título.

22-104454                                    CDD-658.4092
                Índices para catálogo sistemático:

    1. Liderança : Administração   658.4092

    Maria Alice Ferreira - Bibliotecária - CRB-8/7964
```

Nota: Muito cuidado e técnica foram empregados na edição deste livro. No entanto, não estamos livres de pequenos erros de digitação, problemas na impressão ou de uma dúvida conceitual. Para qualquer uma dessas hipóteses solicitamos a comunicação ao nosso serviço de atendimento através do e-mail: atendimento@dvseditora.com.br. Só assim poderemos ajudar a esclarecer suas dúvidas.

AGRADECIMENTOS

Agora, pois, permanecem a fé, a esperança e o amor, estes três; mas o maior destes é o amor.
1 Coríntios 13:13

Uma força indomável se apoderou de mim e transformou o ferido em alguém que cura. Como de costume, Este poder usou pessoas para sua obra, a quem dedico esta singela homenagem; Sou grato a você, Branca Barão, que reascendeu a minha fé na vida e no amor, transformou a minha angústia em esperança e fez brilhar o que há de mais precioso em mim, o meu coração. Sou grato ao meu pai Antonio e à minha mãe Arlete, que sempre acreditaram em mim e, nos meus piores momentos, nunca me abandonaram; a vocês, devo a minha vida. Sou grato às minhas filhas Lorena e Lara, sem saber vocês me "seguraram" aqui e, mesmo um pouquinho distantes, permanecem habitando e povoando o meu coração. Sou grato ao Gabriel: você me inspira com a sua disciplina, com o seu respeito e com o seu humor, você merece uma vida incrível. Sou grato aos meus editores, Alexandre e Sérgio, que acreditaram nesta obra e abriram o caminho para a minha jornada como escritor.

PREFÁCIO

Vivemos em um ambiente empresarial cada vez mais competitivo, no qual o desenvolvimento de novos negócios, desenvolvimento de produtos, estratégia de marketing, excelente planejamento logístico e de manufatura, desenvolvimento de fornecedores e uma série de outras atividades devem ser realizadas com a máxima dedicação e efetividade. Para todos esses processos, são as pessoas que estão por trás que são essenciais. Sem as pessoas, não há excelência operacional nem uma estratégia de marketing eficiente, bem como não há o desenvolvimento de produtos com a qualidade adequada. Não há nenhum sistema baseado em software que substitua os talentos das pessoas.

Mas o que aconteceria com uma empresa se todos ou a maioria dos funcionários simplesmente "ligassem o automático" e deixassem de dar o seu melhor para buscar redução de custos, redução de lead time e melhoria de qualidade? Como avaliar se isso já não aconteceu de alguma forma na empresa? Pode ser que todos pensem que "estamos fazendo nosso melhor", mas ainda há muito potencial a ser atingido através de maior engajamento das pessoas. Buscar de 3% a 5% de redução de custo através da introdução de uma nova tecnologia pode ser uma ideia menos feliz do que trabalhar o clima organizacional e obter ganhos mais expressivos através de maior engajamento dos times.

Engajamento se busca ao trazer todos, de comum acordo, a uma causa. A "causa" é aquilo que nos faz levantar de manhã e nos dedicar ao máximo às atividades que fazemos.

Um ambiente humanizado, com valores que estão em sintonia com as pessoas e onde as ações práticas não contrariam esses valores, onde "people matter" realmente se faz presente e é verdade no dia a dia, tende a tornar as pessoas que convivem nesse ambiente mais engajadas.

Durante esse cenário de pandemia, vimos rápidas transformações, e o ambiente de trabalho se tornou virtual, fazendo com que as pessoas não tenham muitas oportunidades de se encontrarem pessoalmente, de apertar a mão, abraçar, ter uma conversa "olho no olho". Medir engajamento em um ambiente como esse se tornou tarefa extremamente árdua. Embora muitas pessoas avaliem que estão trabalhando mais, fazendo mais reuniões e discussões durante o trabalho remoto, eu pessoalmente questiono a efetividade disso. Por favor, não quero dizer com isso que sou contra o trabalho remoto... mas me posiciono mais a favor de um sistema de trabalho híbrido, no qual o trabalho remoto é não somente aceito, mas incentivado, mas que tenhamos também encontros com significado para as equipes.

Este livro que você tem nas mãos traz vários questionamentos em relação à liderança e às dores de um líder e traz à luz a importante mensagem de que não há caminho predefinido no qual o líder deva andar, já que cada um tem sua experiência de vida, pontos fortes e pontos a desenvolver que o tornam único, e que a liderança se faz simplesmente ao liderar equipes.

Um bom ponto de partida é considerar este livro uma obra sobre seres humanos, tanto sobre pessoas que exercem cargos de liderança quanto aquelas que são lideradas. Traz vários pontos de reflexão, e o leitor deve dedicar esforço e tempo para enxergar quais as armadilhas que, muitas vezes, nós mesmos armamos no nosso caminho e como evitar cair nelas. No processo de autoconhecimento – importante para que possamos nos tornar cada vez pessoas melhores –, nada mais essencial do que conhecer como nós mesmos podemos, várias vezes sabotar nosso próprio desenvolvimento.

O profissional que exerce a liderança em uma empresa lidera não somente uma equipe, mas também, da mesma forma que todos os liderados, é líder de si mesmo. Suas ansiedades, dificuldades e reações — sejam próprias ou impróprias — influenciam a sua forma de decidir, de olhar os desafios, e a transparência com que ele consegue colocar o foco no futuro. Essas decisões, por sua vez, tem total influência na equipe e são muito mais eficazes em mostrar o caminho do que discursos sem prática.

Liderança no Divã é um livro para ser não somente lido, mas deve trazer muita reflexão, anotações... enfim, traz "lições de casa" para o leitor. Sim, você ficará incomodado com os questionamentos que vão surgir e isso, com certeza, pode ser um grande diferencial em sua liderança. Como ter uma liderança mais centrada no que realmente importa, que é o ser humano, é o ponto central das discussões apresentadas no livro.

Ricardo Chaves é uma pessoa que coloca, em todas as suas ações, o ser humano em primeiro lugar. Trabalhamos juntos em uma grande multinacional há vários anos e tivemos a experiência de gerenciar um time de alto desempenho em um difícil processo de reestruturação. Mesmo com o cenário desfavorável, tivemos êxito em manter as pessoas engajadas e propondo sugestões de melhoria. A forma como se posicionaram se tornou um diferencial, trazendo visibilidade à organização, e por isso foram alocadas em outros projetos de outras áreas da empresa.

Sinto-me extremamente honrado em participar desse momento de concepção do livro e de poder compartilhar com o leitor minha opinião sobre esta importante obra. Ter tido o privilégio de ler este material antes dele chegar ao público é algo singular, que me enche de alegria. Sei que este livro é a manifestação física de um sonho — sonho que o Ricardo teve de revelar-se às pessoas e compartilhar vivência, opiniões e experiência comigo e com você, leitor.

Tenha uma ótima leitura e reflexão!

Julio Monteiro — Diretor Industrial

SUMÁRIO

CAPÍTULO 1   O LIDERANTE   13

HUMANIZAÇÃO & LIDERANÇA   17

CAPÍTULO 2   AUTOLIDERANÇA   29

A Energia do Líder — Não existe líder "Bob Esponja"   35

As Vacas Sagradas da Liderança   45

CAPÍTULO 3   CULTURA E LIDERANÇA   57

Cultura do Acolhimento   58

Cultura do Aprendizado   62

Cultura do Feedback   64

O Mapa Não É o Território   66

O Mapa   68

O Território   70

Quando o Território Se Atualizar, Atualize o Mapa   72

CAPÍTULO 4   EXPANDINDO SEUS NÍVEIS DE CONSCIÊNCIA   75

Nível de Consciência 1: Alienação   77

Nível de Consciência 2: Expansão   79

Nível de Consciência 3: Interdependência   80

Nível de Consciência 4: Autonomia   83

	Não Controle Suas Emoções	85
CAPÍTULO 5	**LIDERANÇA SINGULAR**	95
	Liderando Pessoas Singulares	104
CAPÍTULO 6	**PERSONALIDADE E LIDERANÇA**	113
	O Biológico do Líder	115
	O Psicológico do Líder	118
	O Sociológico do Líder	122
	Liderança Intercultural e Intergeracional	145
CAPÍTULO 7	**A SÍNDROME DE PETER PAN E O ALICERCE DA LIDERANÇA**	155
	Envelhecer é inevitável, crescer é uma escolha	155
	Visão	164
	Coragem	170
	Empatia	178
	Resiliência	189
CAPÍTULO 8	**SAÚDE MENTAL E LIDERANÇA**	199
	Psicopatologia e Liderança	204
	Ansiedade e Liderança	213
	Depressão e Liderança	222
	Burnout e Liderança	233
	Substâncias Psicoativas e Liderança — A Problemática das Drogas	242
	Comportamento Suicida e Liderança	251
CAPÍTULO 9	**CARREIRA É PROJETO DE VIDA, NÃO SENTENÇA DE MORTE**	263
CAPÍTULO 10	**O LEGADO DOS LÍDERES SÃO SEUS LIDERANTES**	269

CAPÍTULO 1

O **LIDERANTE**

Em tempos de mudanças, nenhuma ação é mais importante do que a ação de liderar.

É indiscutível que, há mais de uma década, o mundo consolidou a maior de todas as mudanças estruturais em nível global: a tecnologia. Aplicada a praticamente todas as outras estruturas — economia, comunicação, saúde, educação, agricultura, manufatura etc. —, ela modificou e vem modificando radicalmente a maneira como nos relacionamos com o mundo e, mais precisamente, com as pessoas.

Vivemos um turbilhão de mudanças consecutivas que têm modelado o comportamento humano para todas as direções possíveis e imagináveis da convivência.

Nesse contexto, está **o líder**. Dezenas — ou até mesmo centenas — de definições construídas e compartilhadas podem confundir nossas ideias e nossos conceitos na difícil tarefa de definir o que é liderar. Vozes de todos os tipos de pessoas, em todos os segmentos, tentam com muito custo trazer luz e clareza a essa tão relevante missão. Livros, vídeos, textos, imagens, sites, debates, bem como tantas outras publicações, escavam com audácia o tema, sem que realmente consigamos esgotar o universo de possibilidades em torno da ação de **liderar**.

Da necessidade que emerge a partir disso, com uma abordagem oportunista e mercadológica, surgem, com vigor, propostas de desenvolvimento e processos de "impulsionamento" que prometem nos transformar em líderes de sucesso.

Assim, mergulhados em oceanos de informação, passamos a acreditar que sempre nos falta algo para desenvolver. Em busca da grande pérola da liderança, desavisados de que essa busca é inútil, saímos ignorando a nós mesmos e idealizando "outros e outras", que se tornam modelo de quem desejamos nos tornar.

Investimos nosso dinheiro e nosso tempo, sacrificamos nosso prazer, em prol de nos tornarmos algo mais do que já somos.

Nos perturbamos com a nossa própria ambição disfarçada de desenvolvimento. Passamos a nos cobrar desempenho e resultados, medindo nossa liderança pelos números que conseguimos atingir ao final de cada mês. É claro que nenhuma liderança se sustenta sem resultados, entretanto, pensar a que custo isso ocorre também é papel do líder!

Processo enfadonho e venenoso é este que mensura o ser humano, dá número a ele, transforma-o em um gráfico, um algoritmo, e o submete, ajoelhado e indefeso, à grande **tecnologia**.

Assim, em um movimento de escalas desproporcionais, somos esmagados pela angústia do líder, ou melhor, do **liderante**.

Quem é o liderante? O liderante é o **líder** que caminha em busca do sentido da sua própria liderança; é o líder que entende que não há caminho predefinido e que a liderança se faz ao liderar; é o **ser humano** por trás da angústia que qualquer cargo de liderança provoca.

E da angústia do liderante ninguém fala, pois isso fragiliza a posição, vulnerabiliza o herói e destrona a referência. Assim segue o liderante, pressionado por si e pelos demais, pressionado por quem está acima e por quem está abaixo na pirâmide organizacional, mas também espremido entre as próprias expectativas sobre si mesmo.

Da angústia do liderante, ninguém fala; é tabu, é assunto proibido. Negar a fragilidade dele é a saída para se convencer de que "longe dos olhos, longe do coração".

Ledo engano acreditar em tal falácia, pois todos os dias, semanas, meses e anos essa angústia se disfarça de ansiedade e assola o liderante por meio das decisões que ele precisa tomar.

E como não falar das decisões? Afinal, para isso existe o líder, para decidir — tarefa cada vez mais difícil em meio ao caos de tentar equilibrar as pessoas, a empresa e a si mesmo.

Da angústia do liderante ninguém fala, do medo que ele sente da rejeição da equipe, do medo das "trairagens"... e já esgotado, muitas vezes sem fé nas pessoas ou em si mesmo, se vê em uma pilha de gente rotulada como descartáveis.

Da angústia do liderante ninguém fala, do medo de ser julgado e responsabilizado por fracassos e decisões que podem custar a vida de pessoas.

Da angústia do liderante ninguém fala, quando o superior o coloca em situação embaraçosa ou é necessário dar *feedbacks* negativos para seus liderados.

Da angústia do liderante ninguém fala, das noites de insônia por causa das demissões que terá que conduzir no dia seguinte, sabendo que por trás de cada funcionário existe uma família, sonhos, projetos, objetivos e anseios.

Da angústia do liderante ninguém fala, quando ele tem que lidar com a culpa que sente pelo mal desempenho da equipe, mesmo não sendo exatamente ele a razão do fracasso. Sem contar as diversas competências que ele precisa desenvolver: empatia, criatividade, iniciativa, ética, flexibilidade, comprometimento, foco, motivação, superação, resiliência, inovação, visão especialista, visão generalista, organização, comunicação, capacidade de dar *feedback*, persuasão, trabalho em equipe, gestão do home office e, por fim, do "home tudo".

E por falar em "home tudo", como não falar sobre a complexa relação entre a vida pessoal, a carreira, o trabalho e a família do liderante? O liderante é aquele que se equilibra entre as culpas pelos papéis que exerce, experimentando constantemente o conflito entre eles.

Explico: de um lado, a **culpa** por se sentir ausente da família em nome de buscar mais qualidade de vida por meio do trabalho, enquanto filhos, companheiros(as), marido, esposa, mãe, avó, pets etc. têm demandas específicas, gerando um turbilhão de tarefas. Do outro lado, a **culpa** por planejar tempo para cuidar de si, estar com a família, viajar, sendo que o contexto no trabalho está turbulento, inseguro, desfavorável. E em outra dimensão, a saúde, o corpo e a mente gritando por cuidado, mas sendo constantemente negligenciados e até abandonados nesse mar de cobranças.

Da angústia pelas cobranças que o liderante recebe ninguém fala, é tabu. Alguns dizem: "saúde mental é balela, coisa de gente fraca", e assim o sofrimento só aumenta, o esgotamento só se multiplica, e a angústia não encontra amparo para se tornar energia criativa.

O liderante se assemelha a uma máquina de produzir resultados, mas que por vezes não recebe cuidado e tem sua humanidade ignorada, se tornando aquilo que ele mais deve combater: a mecanização da gestão.

O liderante é aquele que suporta tudo e todos em nome do que ele representa. O liderante não chora — "isso é para os fracos" é o que muitos dizem. O liderante não erra — isso é inadmissível, pois produz prejuízos, muitas vezes, incalculáveis. O liderante não dorme em função dos outros. O liderante se sacrifica. O liderante se expõe. O liderante se fere, mas não pode ferir. O liderante é bem-sucedido. O liderante isso... O liderante aquilo...

Quem é o liderante? Quem suportará os crescentes estigmas da liderança sem se corromper, se abater, se flagelar ou sofrer? Será que liderança é sinônimo de sofrimento?

Quem está pronto para liderar em tempos como estes?

Minhas sinceras homenagens aos liderantes deste novo tempo, pois, por trás de cada líder, existe um humano em busca de paz!

HUMANIZAÇÃO & LIDERANÇA

Em tempos de mudança, a principal ação é a de **liderar**.

Diante de tantos conceitos contemporâneos relacionados à liderança, a ação de liderar ainda pressupõe influenciar pessoas, e isso só é possível quando construímos e fortalecemos relacionamentos com vínculos significativos.

Um tema indispensável nos últimos anos tem sido discutirmos os processos de humanização no ambiente organizacional, visto que a relação entre o ser humano e o trabalho tem produzido uma avalanche de diagnósticos em saúde mental.

Isso prejudica tanto o profissional, que entra em sofrimento, quanto a empresa, que perde produtividade e, em consequência disso, tem seus indicadores afetados. É urgente a necessidade de repensarmos os impactos do trabalho na nossa saúde mental, bem como sermos diretos sobre os fatores que afetam a nossa vida e as nossas emoções.

Dentre a onda de psicodiagnósticos originados nas relações de trabalho, podemos citar depressão, ansiedade, *burnout* e comportamentos autodestrutivos, por exemplo, uso abusivo de substâncias psicoativas, alcoolismo, dependência de drogas lícitas e ilícitas e comportamento suicida.

Chegou a hora de quebrarmos os tabus e falarmos abertamente sobre essas questões, apresentando de maneira mais detalhada estratégias para a humanização nas relações de trabalho, assim como projetos que promovam a saúde mental nesse contexto.

É incrível como a urgência em tratarmos o tema humanização da liderança nos coloca diante de um grande desafio. Ao mesmo tempo em que temos muito material, recursos e autores dedicando conhecimentos às competências necessárias para se tornar um líder de êxito, por vezes nos encontramos carentes de abordar a pessoa por trás do cargo de líder. Ouvimos muito sobre a humanização, porém a prática ainda cobra do líder um preço alto, e ele muitas vezes o paga com a própria saúde emocional e mental.

Negligenciar a saúde emocional dos líderes e das equipes de trabalho é como negligenciar a preparação física dos atletas. Por mais que você tenha metas claras, os melhores recursos à disposição e desenvolva competências (*hard* e *soft skills*), sacrificará os seus talentos e os da sua equipe à medida que desconsiderar o fator emocional.

Vivemos uma cultura em nosso país que vincula saúde mental à baixa performance, à frescura e à fraqueza de personalidade. Vemos isso, por exemplo, na arrogância da maioria dos clubes e treinadores de futebol do nosso país, que desprezam a preparação emocional dos atletas e dos profissionais da área, acreditando que motivação é só uma questão de um bom discurso ou palestra antes de cada jogo. Desconhecem que "talento" não é tudo; que a exposição, a cobrança, a responsabilidade e as escolhas que estão implícitas, não apenas para os atletas, mas que também são inerentes a qualquer cargo de liderança, podem desencadear conflitos internos que comprometem o desempenho por falta de maturidade emocional.

> Se os líderes forem imaturos emocionalmente, o clima organizacional será comprometido, e muito.

MATURIDADE EMOCIONAL é sobre conhecer-se, governar-se e evoluir cada vez mais. Não basta ter conhecimento sobre comportamento humano. Existe uma enorme lacuna entre *saber o que fazer* e *fazer o que deve ser feito*. E só a maturidade emocional pode levá-lo a transformar suas crises em oportunidades para crescer, aprender e avançar!

Proposições sobre Autoconhecimento

1. Autoconhecimento é poder. E é totalmente possível que você desenvolva seu poder pessoal como líder, porém, para isso, precisará mergulhar dentro de si mesmo.
2. Autoconhecimento é coisa de quem quer diminuir a distância entre a realidade hoje e a vida que quer ter amanhã.
3. Autoconhecimento é coisa de gente humilde, que sabe que não sabe um monte de coisas, mas que pode e precisa aprender.
4. Autoconhecimento é coisa de quem está achando o fardo pesado demais e precisa "se descobrir" para aliviar a pressão existencial.
5. Sem autoconhecimento, a saúde será uma ilusão.

Aprendemos culturalmente que ser saudável diz respeito exclusivamente à condição fisiológica. "Se não tenho sintomas de doença, estou saudável" é o que muitos pensam. "Se o meu corpo está bem, eu estou saudável".

No entanto, saúde não é só ausência de doença.

O isolamento social expôs o que há de mais humano em nós e compõe a nossa definição de saúde. A necessidade de conviver nunca foi tão valorizada! A tecnologia não cumpriu o que prometeu, não nos libertou das tarefas enfadonhas do cotidiano (na verdade, ela nos aprisionou nos aplicativos). A tecnologia nos aproximou de quem está longe, mas nos distanciou de quem está perto, e agora estamos perto demais de quem já não conhecemos.

A solidão nunca foi tão experimentada por nós, mesmo estando conectados com muitas pessoas. **Essa solidão pode ser definida como a presença da angústia elevada à enésima potência; é a contramão da vida humana, é o desamparo presente em nós.**

E, como líderes, estamos no meio desse fogo cruzado, lutando bravamente para redefinir o nosso papel e o nosso propósito em tudo isso. Precisamos cuidar emocionalmente da nossa equipe, dos nossos liderados, entretanto quem cuida de nós?

No ambiente corporativo, promover saúde mental deve ser muito mais que um projeto da área de Recursos Humanos. Antes, ou em paralelo a isso, deve ser uma busca pessoal, um estilo de vida. Abrir mão de algumas certezas sobre a forma como você lidera as pessoas pode produzir leveza e pertencimento que potencializarão os resultados e as entregas da sua equipe.

Exercitar a flexibilidade da sua forma de pensar é condição fundamental para que novas possibilidades se abram diante de você! **Não se trata apenas de cuidar e intervir no sofrimento humano, mas de gerar conexões profundas e vínculos significativos que promovam engajamento e pertencimento de maneira consistente.** Você não precisa ser psicólogo para conseguir isso, basta ser um líder humanizado.

A psicologia é uma ciência e, quando aplicada com responsabilidade e respaldo técnico à gestão, resulta em ganhos exponenciais para os líderes, os colaboradores e para a empresa. Tratar o tema da saúde mental no ambiente corporativo e organizacional de maneira leviana, permitindo que a operacionalização esteja apenas no âmbito de projetos e iniciativas pontuais, é fingir dar importância.

Saúde mental não é o tema da moda, não é o tema da vez. Ele sempre fez parte dos desafios da carreira profissional de qualquer pessoa, entretanto, na maioria das vezes, era ignorado e estigmatizado. Para superar esses estigmas, a alta gestão precisa dar as caras, se informar, se render às ciências humanas e da saúde.

No que tange ao contexto do trabalho, os líderes são os maiores responsáveis pela saúde mental dos colaboradores. Não existe mais espaço para empresas "hipercomprometidas" com as tecnologias e distantes dos humanos que as operam.

Quando falamos em humanização e liderança, estamos apontando para questões práticas, por exemplo, a capacidade de um líder gerar *feedbacks* assertivos para a equipe. Esse tem sido um dos problemas mais crônicos da liderança contemporânea, por isso muitos líderes escondem o que realmente pensam sobre os liderados e preferem fofocar pelos corredores e comentar com seus pares e com pessoas que pensam como eles.

Já parou para pensar quanto prejuízo uma empresa pode ter graças a situações como essas? Pode parecer difícil mensurar questões tão subjetivas, porém ignorá-las pode causar danos irreparáveis na vida dos líderes e das pessoas que ele lidera.

Assim, perdem o líder, a empresa e os colaboradores, que continuam vivendo à sombra de uma liderança ineficiente, que, pouco a pouco, será revelada.

> Costumo dizer que um líder não tem noção do estrago emocional que ele pode causar na vida das pessoas. Uma liderança exercida com base no ego tende a deixar um rastro de sofrimento, promover angústias e, gradativamente, se desconectar dos propósitos da empresa.

Quem perde com isso? As pessoas que formam a equipe desse líder, bem como os familiares dos colaboradores, que, por vezes, se veem impotentes frente a esse sofrimento; perde a empresa, que não percebe as causas da baixa produtividade ou, por vezes, tem sua capacidade de inovação enfraquecida.

E perde também o líder, que, sem perceber, se torna um chefe centralizador, narcisista e egocêntrico, que se contradiz entre discursos e práticas.

> Como criar um movimento de humanização no ambiente corporativo?

Antes de mais nada é preciso salientar que humanização é um processo regido por princípios, e não um discurso bonito como um poema romantizado.

Vamos falar, então, sobre os princípios básicos da humanização.

Princípio 1: Integralidade

O ser humano é constituído de três elementos: o ser biológico, o ser psicológico e o ser social; na psicologia, chamamos de concepção *biopsicossocial* do ser humano.

Bio · Social · Psico

Isso significa que qualquer ação de desenvolvimento, de intervenção preventiva ou de cuidado deve no mínimo considerar esses três elementos de maneira integrada, ou seja, com uma visão do todo, e não apenas das partes. Para ser didático nesse ponto, podemos pensar que, na vida de um líder, muitas coisas influenciam o seu modelo e o seu estilo de liderança.

Além das questões temporais, como experiências do passado e expectativas sobre o futuro e a carreira, podemos pensar que praticamente tudo afeta o líder: saúde física, corpo, temperamento, humor, hormônios, emoções, pensamentos, medos, família, filhos, cônjuge, amigos, vida financeira, parentes etc.

Considerando que somos seres integrais e é impossível acreditar que uma área da nossa vida não afete a outra, tanto para o bem quanto para as situações adversas. Já vi líderes extremamente motivados conseguindo liderar com grande maestria por conta de um impulso motivacional que o nascimento de um filho provocou neles, assim como vi líderes muito competentes, porém extremamente abatidos, por causa de problemas financeiros e pessoais.

Dizer que não podemos misturar nossa vida profissional com a nossa vida pessoal é fácil; difícil é dividir isso na prática, e sempre. Quando ouvimos isso, muitas vezes o que desejam nos comunicar é que, se tivermos problemas lá fora, não devemos levá-los para dentro da empresa. Porém, se algo de bom na nossa vida pessoal puder afetar positivamente a nossa performance profissional, tenho certeza de que ninguém irá se opor; aliás, nesse caso, sua "vida pessoal" será muito bem-vinda.

Não se engane: profissional e pessoal habitam o mesmo corpo, e, talvez, aquilo que você enxerga como problema seja o seu maior diferencial competitivo, a saber, sua autenticidade. Não se envergonhe de quem você é em sua totalidade nem do que você está passando, não se envergonhe das suas origens nem de quem você é.

Empresas e líderes devem considerar todos os colaboradores como seres integrais, completos, e ser sensíveis às variações que possam afetar a produtividade, porém sempre com uma postura aberta e receptiva para auxiliá-los nos desafios existenciais. Quanto maior a consciência da integralidade, mais assertiva será a intervenção de um líder, e mais engajamento ele promoverá!

Princípio 2: Equidade

Muito provavelmente você não está familiarizado com este princípio, mas posso lhe garantir que sem ele sua liderança não vai atingir o máximo potencial de humanização. Aliás, sem ele, não existe liderança humanizada nem mesmo humanização.

Este princípio vai para além de fazer broches, bótons, camisetas e bandeiras sobre os projetos de humanização e diversidade; isso é estético. São necessárias ações estruturais se quiser realmente atingir uma prática relevante, sustentável e consistente.

Este é um princípio que precisa estar intencionalmente na política, na visão, na missão e nos valores, como também no seu planejamento estratégico, desenvolvendo iniciativas da alta direção até a base da empresa.

Para explicar este princípio, devemos considerar que os líderes e as pessoas que compõem a equipe não detêm os mesmos conhecimentos, recursos nem as mesmas habilidades. Assim, como líderes humanizados, o grande desafio deste princípio está em identificarmos quais são os *gaps* individuais e intencionalmente promover o desenvolvimento individualizado dos membros da equipe, direcionando recursos, tempo, treinamentos e acolhimentos conforme a necessidade de cada um.

Essa história de tratar todo mundo igual está na contramão da equidade. **Cada pessoa tem necessidades específicas e precisam de quantidades diferentes de investimento do líder, a fim de que todos alcancem igualdade de condições para se desenvolverem.**

Qualquer empresa séria que queira falar com relevância sobre humanização vai ter que trilhar pelo menos o caminho do autodiagnóstico preciso sobre quem realmente ela é hoje. É necessário um mapeamento honesto e transparente das contradições internas para o enfrentamento das desigualdades presentes, partindo das lideranças estratégicas até as lideranças operacionais.

A partir deste exemplo clássico, fica claro que a equidade é um princípio para qualquer processo de humanização pois garante a todos o acesso ao pleno desenvolvimento de suas potencialidades e direitos promovendo um senso de imparcialidade. Não basta respeitar as diferenças, é preciso liderar a partir delas. **Se as pessoas são diferentes, suas necessidades também o são. O líder que atua com equidade está se humanizando e humanizando sua gestão.** Falando sobre diferenças, vamos para o terceiro princípio da humanização, a diversidade.

Princípio 3: Diversidade

Pobre e medíocre é a cultura que julga a maturidade e a competência de uma pessoa pela roupa que ela veste, pelo penteado, pela cor do cabelo, pelo gênero etc. A diversidade é um desafio para além do óbvio, é um desafio intercultural e intergeracional.

==Diversidade é um princípio fundamental exatamente porque é o que garante a ampliação dos repertórios de gestão e liderança, assim como o de melhoria contínua, otimização de processos e inovação.==

Você deve estar se perguntando: "Mas diversidade não é sobre sexualidade?" Não só. Diversidade é sobre ideias, pensamentos, gostos, preferências, experiências, espiritualidade, cor da pele e do cabelo, dentre tantas outras coisas que podemos ou não escolher na vida e que, de alguma forma, contribuem para ampliarmos nossos pontos de vista sobre o mundo e as pessoas. Um dia ouvi alguém dizer que: "Se todo mundo estiver pensando igual, ninguém está mais pensando".

> Como líder, você precisa entender que, quanto mais promove diversidade na sua equipe, maior é o potencial de integração e inovação dela, e isso só acontece na troca de saberes e experiências diversas.

Não existe humanização sem promoção da diversidade, e este é um assunto com urgência de ampliação e aprofundamento.

Diversidade vai além de ser diferente da maioria. Para fazer a diferença, não basta ser diferente; é preciso que você saiba quem você é, o que em você é realmente seu, e o que em você foi "injetado" pelos outros. É aprender a pensar por si mesmo, aprender a pensar a respeito de como você pensa, descobrir qual "porcentagem" de você hoje é realmente você mesmo, tendo a coragem de romper com os paradigmas que o aprisionam na opinião dos outros.

Tudo isso não é um chamado à inconsequência, e sim um grito à sua consciência. É impossível liderar no século XXI dando ctrl+c e ctrl+v na sua personalidade, imitando os outros ou vivendo pela expectativa deles.

O maior "trunfo" de um líder é aprender sobre si mesmo, sobre os próprios desejos, ambições, reações, aprender sobre sua essência e iluminá-la todos os dias, ampliando as possibilidades de realização. O líder tem um desafio intercultural, em si mesmo e em sua equipe, e precisa estar seguro de quem é, para não se diluir nos outros.

O novo milênio não suporta *fakes*, não suporta imitações. Aprenda que ser você mesmo e potencializar suas melhores características produzirá um senso de realização verdadeiramente digno de admiração pela sua equipe.

No mundo sempre haverá espaço para você ser você mesmo. A pergunta é: você tem coragem para isso?

CAPÍTULO 2

AUTOLIDERANÇA

Se eu não consigo liderar a minha própria vida, meus sentimentos, minha carreira, minha vida financeira etc., que respaldo eu tenho para liderar os outros?

Esse desafio percorre gerações, rasgando a consciência de muitos líderes acerca de si mesmos, provocando, muitas vezes, sofrimento e adoecimento.

Quando falamos de liderança, existem muitos conceitos e muitos modelos que podemos seguir, e digo isso por uma razão: **quanto menor for a distância entre o que você diz e o que você faz, maior será o potencial da sua equipe de crescer de maneira consistente e sustentável.**

Gosto de assistir e analisar arte de uma maneira geral, principalmente filmes e músicas. É incrível como podemos gerar reflexões através da mediação da arte, e isso me motivou a compartilhar duas delas com você, líder. No filme *Invictus*, de 2009, protagonizado pelos atores Morgan Freeman e Matt Damon, existe um diálogo importantíssimo que representa uma conversa entre Nelson Mandela e o capitão da seleção de rúgbi da África do sul, François Pienaar. Na conversa, Mandela pergunta qual era a filosofia de liderança de François, como ele inspirava seu time de rúgbi a ser melhor a cada dia, e François respondeu: *Pelo exemplo. Sempre liderei pelo exemplo.*

==Liderar pelo exemplo continua sendo a única maneira saudável e eficaz de inspirar a equipe a ser melhor a cada dia.==

São os exemplos que damos no dia a dia que mostram quais são realmente nossas prioridades, revelam nossos reais interesses e transformam diretrizes e planejamento em ações que geram resultado.

Uma das grandes armadilhas no contexto da liderança é a contradição entre o que pedimos à nossa equipe ser e o que demonstramos com nossas atitudes.

São as suas atitudes que consolidarão a cultura organizacional e determinarão como a sua equipe irá agir.

Você só receberá da sua equipe aquilo que você entrega.

É no exemplo que se estrutura o que chamamos de uma liderança humanizada. Se quiser elevar o nível do clima positivo da sua equipe, gerar mais engajamento e senso de pertencimento, como também afetar positivamente a sua saúde mental e a da sua equipe, precisará priorizar as pessoas e o cuidado delas.

Pequenas atitudes poderão fazer grandes diferenças, por exemplo, se importar com as pessoas, reconhecer os pequenos avanços de maneira individualizada, dar *feedbacks* de maneira assertiva e apoiá-las em seu desenvolvimento.

Digo que, quando nos importamos realmente com quem está ao nosso lado, encontramos a oportunidade de mudar e potencializar a história de vida deles.

O líder deve estar atento ao redor. Oportunidades para inspirar estão por toda parte, e você, como líder, tem o poder de transformar um grupo de pessoas em uma equipe de alta performance, humanizada e engajada na autossuperação.

Carrego como filosofia para minha vida a frase de James Hunter: **Não deveríamos nos orgulhar de sermos melhores que os outros, mas sim melhores do que fomos ontem**.

Não é o que os outros líderes estão fazendo ou o que a sua equipe acredita que determinará o sucesso dela; é o que você está disposto a ser e a fazer diariamente que tem o poder de mudar e impulsionar a sua equipe a crescer e se desenvolver continuamente.

Outra reflexão que quero compartilhar aconteceu quando assisti ao *Rocketman*, filme biográfico sobre Elton John. Observei importantes intersecções do filme com a psicologia, o comportamento humano e a autoliderança. Dentre as reflexões, estão:

1. A expectativa dos pais sobre os filhos durante a infância projeta uma sombra difícil de nos livrarmos na vida adulta.
2. A autenticidade sempre será um dos principais tesouros a serem encontrados durante a vida.
3. Quanto maiores forem a exposição e a visibilidade de um líder, maior será a angústia existencial.
4. Independentemente do sucesso, é impossível estruturar uma vida saudável sem um profundo caminho de autoconhecimento.
5. Individualismo e individualidade são coisas totalmente diferentes.
6. Reconhecer a importância de um amigo verdadeiro faz toda diferença durante a vida.
7. Dificilmente fugimos da expectativa de quem idealizamos agradar. Nosso contato afetivo durante a infância determina quem é o nosso objeto de desejo durante a vida adulta.

Coexistimos e ponto-final. Sozinhos temos a impressão que chegaremos mais rápido, mas, com amigos verdadeiros, conseguimos ir muito mais longe. Como líderes, precisamos reconhecer que o desempenho da nossa equipe nunca dependerá somente de nós mesmos. Por isso, você só conseguirá alcançar a autoliderança se cultivar a humildade.

As reflexões a seguir nos ajudam a agir em direção à autoliderança.

Excesso faz mal à saúde

Recentemente li um artigo do Claudio Lottenberg com o título "O exagero faz mal à saúde", que falava sobre o excesso de "cuidados" médicos no Brasil. O artigo me fez pensar sobre o comportamento humano nas empresas e na vida em geral.

Muitas vezes confundimos intensidade com exagero e excesso. A intensidade requer clareza de propósito e tem relação direta com foco, que, em minha definição, é esforço concentrado.

Exagero é diferente. Na grande maioria das vezes, tem o objetivo de encobrir alguma falta; é como uma gangorra: para algo estar em cima, o outro lado tem que estar em baixo. A gangorra é rígida, e exatamente por isso sempre está em uma relação de compensação.

Em suma, você exagera em algo para compensar a falta de outra coisa!

Exagerar na comida, no trabalho, na academia, no cuidado com o carro, no cuidado com o outro ou no cuidado consigo mesmo, na cobrança com os funcionários e até na cobrança consigo mesmo pode parecer legítimo, embasado em argumentos científicos, estatísticos, pessoais etc. entretanto ainda assim não ser saudável do ponto de vista da saúde integral.. Exemplifico: o exagero em "cuidar do corpo". Vivemos tempos em que, de fato, você precisa dar uma boa atenção ao seu corpo, visto que o fluxo da vida contemporânea nos leva a práticas não saudáveis de alimentação, sedentarismo, dentre outras. Mas do cuidado ao exagero é um passo.

A linha é tênue. Basta deixar de lado tantas outras necessidades de cuidado que existem na vida e mergulhar em dietas, exercícios, crossfit, fitdance, botox, lipoaspiração, microcirurgias e negar o cuidado com as emoções, os amigos, a diversão, a família etc.

O que acontece, então? Em pouco tempo você se cansa, se torna uma pessoa de muita iniciativa e pouca "acabativa"! Começa a dieta, o curso, o estudo, a leitura do livro, o trabalho... mas não persevera em quase nada. A gangorra fica lá em cima com o corpo, e lá embaixo em outras áreas da vida.

O exagero muitas vezes está travestido de foco e intensidade, mas, na verdade, é apenas a ideia de que o que lhe falta é o que o fará feliz. Isso é uma mentira!

O que o fará feliz é aprender a viver de forma plena, tomando consciência dos seus mais profundos desejos, vontades e necessidades, integrando-os em um movimento saudável para você!

Intensidade *versus* Exagero

Intensidade é diferente de excesso. Intensidade é aplicar foco com senso de urgência a momentos e situações que sabemos serem relevantes. Assim, não deixamos nada de lado em relação a outras áreas da vida; pelo contrário, continuamos a nos importar e a investir em nós mesmos de forma integral (biopsicossocial).

Ressalto que o propósito de ser intenso, em algumas situações, tem relação direta com poder desfrutar melhor da vida em sua plenitude.

Intensidade não é rígida, é prioritária!

Explico: enquanto o excesso e o exagero funcionam como uma gangorra, a intensidade funciona como uma mola. Você coloca em cima dessa mola tudo o que quer que melhore e, então, se esforça para comprimi-la o máximo possível, a fim de impulsionar tudo o que está sobre ela.

Nas empresas, nos negócios e na vida, quando você lidera ou é liderado, precisa ser mais intenso e menos exagerado. Só se consegue gerar resultados sustentáveis quando intencionalmente se emprega energia com propósito nas ações!

Se não nos concentrarmos em comprimir a mola, todo o resto não irá muito longe.

O exagero fere, machuca, esgota, exaure... a intensidade não. A intensidade é cura, é força, é vigor, é plenitude. Um dia ouvi que o que nos estressa não é a grande quantidade de trabalho, mas sim o trabalho sem propósito. De fato, eu acredito nisso.

Já passei noites em claro e dias sem almoço, trabalhando duro em projetos que davam grande sentido à minha vida, e, apesar do cansaço físico, minha mente continuava radiante ao ver cada etapa do projeto sendo realizada. Mas também já tive momentos de grande desgaste e enfado por estar envolvido em ações que não faziam o menor sentido para mim.

Sem clareza de propósito, não seremos intensos, apenas exagerados.

Ser intenso é ter a consciência de que às vezes precisaremos comprimir a mola do cuidado com o corpo; às vezes, do cuidado com as emoções, com os amigos, com a diversão etc., e de que nada encobrirá alguma falta. Pelo contrário, isso impulsionará tudo em nós, para, assim, sermos melhores a cada dia.

Por muito tempo acreditei que ser intenso era ser desequilibrado; que ser uma pessoa madura era manter o equilíbrio entre a intensidade e a apatia, assim só me restava ser "moderado" em tudo.

No entanto, aprendi que equilíbrio não é moderação, mas sim transitar constantemente entre a intensidade e o descanso, entre a agitação e a calmaria. Isso não é bipolaridade; é vida que flui, é movimento que expressa o "estar vivo"!

Assim é a natureza, assim são as estações: transitar entre verão e inverno, primavera e outono, respeitando cada momento como único e especialmente digno da nossa intensidade.

Todo líder de alto desempenho e humanamente saudável precisa intencionalmente buscar ser, antes de mais nada, líder de si mesmo e da própria vida.

A ENERGIA DO LÍDER — NÃO EXISTE LÍDER "BOB ESPONJA"

Ninguém em sã consciência acorda todos os dias com a motivação em alto nível, exalando bom humor e com a energia de realização totalmente carregada, como se fosse uma máquina de resultados incansável. Não existe líder "Bob Esponja"!

No desenho animado do Bob Esponja, é interessante perceber que a característica principal da personalidade desse personagem é a alegria e o bom humor. Todos os dias ele acorda feliz, sorridente, exalando motivação, trabalha como ninguém, suportando com muito bom humor tudo o que acontece com ele. Está sempre preparado para transpor as dificuldades e extrair delas grandes aprendizados; acredita nas pessoas; é corajoso, resiliente, simpático; e reúne, praticamente a todo tempo, o estereótipo do funcionário perfeito, o arquétipo da competência.

O Bob Esponja é a utopia do líder!

Como líderes, acabamos por importar esse estereótipo como uma obrigação psicológica, nos obrigamos a estar sempre motivados, felizes, exalando bom humor e muita competência para nossas equipes. Não nos permitimos estar tristes, angustiados, infelizes, preocupados, pois isso é interpretado culturalmente como incompetência e fraqueza de personalidade.

Sem perceber, balizamos nossa vida oprimindo-nos pela imagem que a cultura contemporânea e a expectativa dos outros projetam em nós, do líder como herói dotado de poderes extraordinários, destemido e autossuficiente.

Se por um lado nos exigimos uma personalidade acima do que um ser humano saudável consegue ser, por outro temos uma tendência a gravitar em torno de tudo o que não está perfeito em nós. Culpamos a nós mesmos e as nossas imperfeições por não conseguirmos ter a projeção de um grande líder, por não sermos escolhidos para uma promoção no trabalho, por não sermos reconhecidos como gostaríamos, por não sermos eleitos para presidir alguma comissão ou conselho, entre tantas outras situações que são traduzidas como fracasso.

==Por vezes, passamos a alimentar a vítima que existe em nós, na busca de compensarmos a angústia que a utopia do líder herói produz.==

O mundo e uma parte de nós gritam, em nosso interior, que precisamos ser fortes, enquanto a nossa outra parte nos revela que o mundo é injusto e que nosso esforço pode ser inútil, consolidando a sensação de que nunca seremos suficientemente bons para termos o sucesso que desejamos. Parece confuso, mas, na verdade, é bem simples e tem nome: incongruência.

Incongruência é o conflito que habita em nós. Explico: pensamos de um jeito, sentimos de outro e, quando vamos agir, fazemos diferente do que pensamos e do que estamos sentindo. Um breve exemplo: você *pensa* que está desempenhando um excelente papel na sua liderança e merece ser promovido ou reconhecido de alguma forma, mas *sente* uma apatia emocional, como um tédio, pois não se identifica com a parte operacional/estratégica do seu trabalho; e, quando vai conversar com seus amigos sobre sua vida profissional, *age* com raiva ou amargura por causa da sua frustração na carreira.

> **Estamos afetados pela incongruência. Quanto maior nosso desalinhamento sobre o que pensamos, sentimos e fazemos, maior o grau de sofrimento psíquico.**

Pessoas se ignoram, se anulam, se impõem, mas não se alinham internamente. O resultado disso são líderes e equipes cada vez mais contraditórios, insatisfeitos, valorizando o *ter* em detrimento do *ser*. Não assumem o que são, não "bancam" o que pensam, por medo, vergonha ou qualquer outro fator. São desonestos consigo mesmos e seguem a vida. Em dias tão confusos, estar alinhado consigo mesmo é um dos maiores atos de empoderamento que podemos vivenciar.

Quando descobrimos que, dentro de nós, existem desejos e pensamentos conflitantes, passamos a entender a necessidade de autoconhecimento perpétuo. Isso porque nossa personalidade não é estática; ela é dinâmica, se modifica ao longo da nossa vida, à medida que nos abrimos para novas experiências de aprendizado. Acontece que na maioria das vezes não temos a noção de que podemos controlar o fluxo de energia da nossa vida, canalizando-a para criarmos a realidade que desejamos viver, em vez de apenas ficarmos gravitando em torno de uma vida e de uma liderança medíocre. É totalmente possível eliminar essa incongruência.

Muitos líderes justificam a desistência e a apatia por acreditarem que o esforço para transformar a realidade é em vão e, assim, tornam-se vítimas existenciais. Estão descrentes de um mundo melhor, convivendo em harmonia e paz com tantas situações de miséria, injustiça, violência e corrupção deste mundo, que repercutem diretamente nas empresas em que trabalham.

A verdade é que tudo muda quando a gente muda.

Muda que quando a gente muda o mundo muda com a gente.
A gente muda o mundo na mudança da mente
E quando a mente muda a gente anda pra frente
"Até Quando" — **GABRIEL PENSADOR**

A mudança nunca acontece de forma espontânea; compartilho desse pensamento explicitamente dramatizado no filme *O Poço*. Muitos querem mudança, mas poucos querem mudar. Quando falamos em comportamento humano, a mudança é mais complexa ainda. Não basta "querer" mudar — o desejo de mudança nunca garantiu mudanças sustentáveis do comportamento humano.

Mudamos com a conscientização, que acontece como uma cicatriz em nossa mente, quando uma experiência de grande impacto emocional nos dá um ultimato. Muitas pessoas passam anos ensaiando uma mudança de vida, mas ela só se manifesta quando o sofrimento por não mudar se torna insuportável.

Quando abandonamos a visão fatalista da vida e nos contagiamos com a possibilidade de uma vida e de uma liderança plena e feliz, mudamos o foco da nossa energia e, assim, somente assim, começamos a criar uma nova realidade!

Meu convite é para que você se torne protagonista da sua história, arquiteto e engenheiro da sua própria vida, deixando de edificá-la com as escolhas dos outros ou com as fatalidades do mundo. A isso dou o nome de:

Foco = Esforço Concentrado

Leia isto com muita atenção: é impossível concentrarmos esforço e energia em um ponto e não termos resultados nesta direção.

Sugiro a você pensar, a partir de agora, na sua energia de realização como se fosse uma conta bancária. Ela pode estar muito positiva, pouco positiva, zerada ou até negativa. A partir dessa analogia, vamos pensar que nossas ações vão determinar a realidade dessa conta bancária, e que, quando o líder assume a responsabilidade pela liderança, por seu crescimento e por seu amadurecimento, passa a intencionalmente projetar-se e manter-se na direção que propôs para sua vida e para sua equipe. Assim, inevitavelmente, terá resultados satisfatórios.

Acontece que existem quatro grandes armadilhas na vida que nos impedem de avançarmos em educar a nossa energia para criarmos a realidade que desejamos viver. Imagine que você compra um carro que dizem ter autonomia para rodar quinze quilômetros com um litro de combustível, porém, quando começa a utilizá-lo, percebe que ele só consegue rodar quatro quilômetros com um litro. Pense quanto dinheiro e tempo você vai desperdiçar para manter esse carro? Imagine a frustração ao saber que, em uma viagem, em vez de gastar R$ 200,00 com combustível, gastará R$ 750,00! Você, então, leva o carro ao mecânico, e ele descobre que uma mangueira de combustível estava com vazamento, e o reparo custará aproximadamente R$ 80,00. Pronto, seu carro está com autonomia para rodar quinze quilômetros com um litro novamente!

Agora imagine outra situação. Você conhece aqueles elevadores hidráulicos, que levantam os carros nas oficinais para o mecânico fazer as manutenções na parte de baixo do veículo? Imagine que você leva seu carro ao mecânico e ele o coloca no elevador hidráulico, porém o elevador está com um vazamento no cilindro. Por mais que o mecânico tente colocar força e energia para levantar o carro, o elevador não sustenta o peso e o carro não sobe ou, se está em cima, começa gradativamente a abaixar.

O que isso tem a ver com nossa liderança?

Que esforço não significa resultado.

Você já sentiu que, por mais que se esforce, não consegue avançar na direção desejada?

Na nossa vida, existem quatro "ladrões", ou vazamentos de energia, que comprometem grande parte dos nossos resultados e da nossa efetividade como pessoa e como líderes.

1: Tarefas Inacabadas

Toda tarefa não realizada é um vazamento de energia, em maior ou menor grau. Tudo que deixamos de fazer, tudo que procrastinamos, fica reverberando em nossa mente e vai minando nossa energia de realização.

Durante um dia de trabalho, nosso cérebro salpica lembranças das tarefas que deveríamos ter realizado, que, muitas vezes, são importantes, mas que, por diversos motivos, vamos deixando para depois, para o outro dia, para a próxima oportunidade, para a próxima semana. Como se não bastasse o prejuízo gerado pelas tarefas inacabadas, que muitas vezes custam oportunidades que deixamos de aproveitar ou dinheiro e tempo replanejando o que já deveria ter sido feito, existe ainda um prejuízo sutil que normalmente não consideramos: a culpa.

==A culpa que sentimos, em maior ou menor grau, toda vez que nosso cérebro nos lembra das tarefas inacabadas vai minando nossa energia e, sem percebermos, destrói nossa motivação.==

Pensamos no que deveríamos ter feito e nos culpamos por ter realizado outras tarefas que nem eram tão importantes ou relevantes, que não tinham relação com os resultados, objetivos e com a realidade que desejamos viver como pessoa e líder, mas que, por alguma razão, acabaram sendo priorizadas, muito provavelmente devido ao prazer imediato.

Se formos realmente honestos conosco, no fim de cada dia, perceberemos que os débitos gerados pelas tarefas inacabadas somam muito mais do que imaginávamos, o que contribui para "fecharmos no vermelho" a nossa conta diária de energia de realização.

2: Compromissos Quebrados

Já parou para pensar quantas vezes nos comprometemos com pessoas, amigos, projetos, damos a nossa palavra e depois não conseguimos cumprir com ela? Pense quantas vezes isso já aconteceu e como estaria a sua vida se hoje muitos desses compromissos que você fez com os outros e com você mesmo tivessem sido cumpridos.

Digo com convicção que a energia do líder não é medida pela iniciativa, mas sim pela "acabativa"! Começar uma dieta é fácil, difícil é continuá-la; começar um novo projeto é fácil, difícil é manter-se nele quando a empolgação diminui; dizer "sim" para os convites dos amigos, se comprometer em ajudá-los, quando precisam é fácil, difícil é priorizá-los quando a agenda entra em conflito com outras coisas mais interessantes.

Quando isso acontece, começamos a justificar para nós mesmos e para os outros a quebra dos nossos compromissos, tentando manter nossa imagem intacta. E como fazemos isso? Dando desculpas e mentindo, para nos livrarmos dos julgamentos internos e externos, falando: "Não tive tempo", "Fiquei doente", "Não estava passando bem", "Tive um imprevisto" e assim por diante.

Palavras são energia!

Você sabia que a sua energia segue as suas palavras? É exatamente isso! Passamos a vida sem perceber que nos boicotamos sempre que quebramos compromissos e tentamos justificá-los usando desculpas e mentiras. Como líderes de nós mesmos (dos nossos sonhos e dos nossos projetos), assim como líderes de equipes e pessoas, precisamos compreender esse princípio fundamental de influência e efetividade pessoal.

Este é um grande ladrão de energia de realização, pois, sempre que empenhamos nossa palavra com nós mesmos ou com os outros e não cumprimos, comprometemos o nosso caráter, deixamos de ser confiáveis a nós mesmos e aos outros.

A grande pergunta é: **Quanto vale a sua palavra?**

Um líder sem confiança em si mesmo e que gradativamente perde a confiança dos seus pares e da equipe por causa dos compromissos quebrados já não consegue mais liderar e precisa se reciclar. Não existe liderança nem autoliderança sem confiabilidade.

Muitas vezes não pensamos nem avaliamos de maneira consistente no momento de empenhar nossa palavra. Queremos agradar as pessoas, então fazemos promessas que não damos conta de cumprir, para sermos aceitos pelos outros; assim, não somos honestos conosco nem com as pessoas. Isso enfraquece nossa autoliderança e enfraquece nossa equipe, comprometendo os resultados que desejamos alcançar.

Dica: em vez de dizer "Pode deixar que eu estarei presente", simplesmente diga "Eu vou me esforçar para ir, entretanto preciso confirmar se não marquei algum compromisso nesse horário".

3: Reclamações e Críticas

Outro ladrão eficaz da energia de realização são as reclamações e críticas que fazemos sobre a vida, sobre as pessoas e sobre os resultados que estamos tendo.

Não nos damos conta do quanto é danoso e prejudicial permitirmos que nossa energia seja canaliza para essas atitudes.

Sim, reclamar e criticar são atitudes que assumimos de maneira consciente ou não, são decisões que produzem sentimentos e acabam por governar as nossas ações.

Quando reclamamos, estamos desperdiçando a energia que poderia ser canalizada para criar soluções e transformar a realidade. Todo líder decide ser parte da solução ou parte do problema. Não existe essa história de ficar em cima do muro: se está reclamando, você está alimentando o problema — sim, você é parte do problema, e não da solução.

Gosto de usar a expressão "foco na solução" quando percebo que minha equipe está destilando reclamações. Que tal decidir ser parte da solução?

As críticas, por sua vez, são uma forma evolutiva da reclamação. Explico: parece inevitável para um líder criticar a forma como as coisas estão sendo feitas ou o tipo de coisas que as pessoas estão fazendo. É aquela voz dentro de nós que diz "Se fosse eu, faria diferente..." ou "Por que ela não fez assim ou de outro jeito?". Quando esse processo de rivalização está mais fortalecido em nós, dizemos: "Não concordo, não quero que seja assim".

Líderes centralizadores e egocêntricos normalmente desperdiçam energia realizadora para criticar e falar mal de outras pessoas e de outras equipes. Justificam a não realização dos seus projetos tirando o foco de si mesmos e colocando-o em quem está realizando do próprio jeito.

Promover a maturidade em nossa forma de liderar depende de reconhecermos a ecologia da liderança; significa que a minha ação de liderar só será efetiva se eu considerar que faço parte de um ecossistema, e não de um EGOssistema. No ecossistema de uma empresa, o líder é apenas mais um elemento — importante, sim, mas, ainda assim, apenas mais um.

Desconstruir a ideia que "sem mim, nada vai funcionar direito" é a única maneira de promovermos saúde emocional no contexto da nossa liderança, o que, na prática, garante a segurança psicológica das equipes e empresas. Afinal, só assim potencializamos o ecossistema criativo das equipes de alta performance.

As reclamações e as críticas funcionam como alimentos narcisistas para líderes centralizadores, que ainda não perceberam o quanto isso é danoso para a saúde emocional de suas equipes e, inclusive, o quanto é um grande veneno para eles mesmos e para a sua energia realizadora.

4: Distrações

O último ladrão de energia realizadora são as distrações. Poderíamos discorrer sobre inúmeros estudos de desperdício de tempo e energia devido a tantas interrupções que acontecem no nosso dia a dia. Entretanto, acredito que esses dados são dispensáveis, pois sei que você é capaz de fazer uma lista de quantas interrupções você experimenta em apenas um dia de trabalho.

==Distrações são microvazamentos, às vezes disfarçados de urgências.==

Como líderes, o nosso desafio é ser intencional com relação ao nosso desempenho. Quando vamos realizar algo, precisamos eliminar esses microvazamentos de energia que são as distrações. Deixar o celular de lado, desligar as notificações visuais e sonoras se libertar da compulsão tecnológica e digital, separando tempo de qualidade para tudo que é relevante em sua vida e em seu trabalho, é uma ótima forma de começar.

Isso impacta profundamente nossa liderança. Quando eliminamos o máximo de distrações possíveis, nos tornamos muito mais eficientes, passamos a produzir mais e melhor, com a sensação de que ainda sobrou energia para fazermos outras coisas que queremos e gostamos.

Ser um líder eficaz, assertivo e eficiente depende de educarmos a nossa energia realizadora na direção da realidade que queremos viver e dos resultados que queremos experimentar. Ser intencional, pensar e planejar onde e como sua energia será usada durante o dia é a única forma de educar-se para liderar com efetividade.

Na agenda do líder, educar a energia deve ser prioridade, sabendo que este é um processo contínuo e perpétuo. Assim deixo estas dicas:

- Planeje micropassos e alimente-os diariamente, sem pressa, mas também sem pausa. Faça isso hoje, faça isso amanhã e faça isso depois.
- Sempre que perceber que sua energia está indo na direção que você não deseja, não se sinta culpado e nem um fracassado, apenas se perdoe e corrija a rota, redirecionando a sua energia para a direção que você deseja, e siga em frente.

==Muitos chamam de disciplina; eu chamo de clareza de intenção.==

A verdade nua e crua é que nossas crenças limitantes nos fazem desperdiçar muita energia criativa em reclamações, remorso, culpa, ressentimento, mágoas, críticas e tantos outros produtores do fracasso emocional.

No entanto, é possível educar nossa energia, deslocando nosso foco para a realidade que desejamos viver, sejam metas, sonhos ou objetivos. Nosso foco sempre determinará nossa ação, e as nossas ações determinam nossos resultados.

AS VACAS SAGRADAS DA LIDERANÇA

Explicando a analogia com as vacas sagradas:

> *A tradição nasceu com o hinduísmo. Os Vedas, coletânea de textos religiosos de cerca de 1500 a.C., comentam a fertilidade do animal e o associam a várias divindades. Outra escritura hinduísta fundamental, o Manusmriti, compilado*

> *por volta do século I a.C., também enfatiza a importância da vaca para o homem. Nos séculos seguintes, foram criadas leis elevando gradualmente o status religioso bovino. No sistema de castas que ainda vigora na sociedade indiana, a vaca é considerada mais "pura" até do que os brâmanes (indivíduos pertencentes à casta mais elevada, dos sacerdotes) – por isso, não pode ser morta nem ferida e tem passe livre para circular pelas ruas sem ser incomodada.*[1]

Eu nunca estive na Índia, mas, alguns anos atrás, conheci um missionário que vivia em uma cidade muito populosa do país. Ele me contou que a vaca na Índia é tão sagrada que não pode ser incomodada e tem direito à livre circulação no país, por exemplo: se uma vaca parar no meio da rua, impedindo os carros de passarem, o trânsito permanecerá parado até que a vaca, voluntariamente, saia do caminho dos carros; ninguém pode "tocar" o animal de onde ele está.

Mas você deve estar se perguntando qual é a relação dessa história com a liderança. Da mesma forma como a vaca é tão sagrada na Índia a ponto de poder bloquear o trânsito por tempo indeterminado, existem pelo menos cinco elementos tão sagrados para os líderes que, quando não são reconhecidos e contornados, podem bloquear não só a performance, mas também a humanidade da pessoa que está em um cargo de liderança.

São elementos sagrados no inconsciente coletivo de líderes e equipes, e que por vezes estão camuflados, não permitindo que o líder realmente saiba onde está alicerçada a sua liderança. Desconhecer estes elementos e ser desonesto consigo mesmo a respeito deles podem causar sofrimento e adoecimento, tanto para o líder quanto para as equipes que ele lidera.

---

1 Fonte: Revista *Superinteressante*, 4 jul. 2018. Disponível em:https://super.abril.com.br/mundo-estranho/por-que-a-vaca-e-sagrada-na-india/.

1: Reconhecimento

Aceitação da legitimidade de (governo, culto etc.); recompensa por serviços valiosos; galardão, prêmio.

A "vaca sagrada" do reconhecimento é muito comum entre os líderes e, provavelmente, a mais consciente.

O reconhecimento é um elemento presente em qualquer líder, até porque ele só se tornou líder por ter experimentado algum tipo de reconhecimento, em maior ou menor grau. O reconhecimento é uma das necessidades humanas que está estruturada na aprovação. Em toda nossa trajetória existencial, buscamos ser aceitos, e isso acontece quando somos aprovados pelo outro. Nós nos empenhamos nessa busca de muitas maneiras, seja por meio das posses materiais, por meio das habilidades que temos ou desenvolvemos, por meio da barganha, dentre tantas outras formas de alcançarmos aceitação e aprovação. Uma forma muito tentadora para o líder é buscar agradar todo mundo ou toda a equipe.

==Mas por que o reconhecimento é uma "vaca sagrada"?==

É simples: o reconhecimento é um vício psicológico que acaba exigindo dos líderes cada vez mais empenho e dedicação para que ele seja saciado.

Existem líderes que se esforçam muito por uma promoção, uma boa avaliação anual, *feedbacks* positivos, bônus financeiros, dentre tantas outras motivações. Quanto mais um líder deseja se destacar, mais ele corre o risco de se tornar refém da busca por reconhecimento, o que pode acabar por paralisá-lo se isso não for alcançado.

Nessa ânsia velada por reconhecimento, é inevitável que os líderes se comparem com os demais líderes do seu nível, assim como os que estão sendo promovidos a outros níveis. Esse processo psicológico de comparação produz, muitas vezes, um desconforto emocional capaz de paralisar o crescimento e o amadurecimento do líder.

Quando um líder é governado pela vaca sagrada do reconhecimento, a sensação de esforço não recompensado o desmotiva, paralisando o seu desenvolvimento. Quando o foco de um líder é o reconhecimento e ele não vem por parte da equipe ou dos superiores, o líder experimenta frustração e sofrimento, que podem se transformar em uma postura melancólica, abatida ou de desinteresse pelo trabalho.

Todos nós somos, de alguma forma, reféns do reconhecimento; sem ele, o nosso senso de evolução estaria comprometido. Entretanto, na ação de liderar, precisamos controlar o nível de dependência do reconhecimento, pois, por mais que tentemos prevê-lo, com base no nosso empenho, nunca teremos a garantia de que ele se refletirá na percepção das outras pessoas pelas quais buscamos ser reconhecidos.

Assim, é necessário que o líder busque autoconhecimento contínuo, desenvolvendo competências essenciais para uma atuação humanizada, caso realmente deseje desenvolver alta performance na liderança.

Uma saída para deixar de ser governado pelo reconhecimento é se comprometer com o seu autodesenvolvimento, dando o melhor de si independentemente da opinião das outras pessoas. Sei que isso é mais fácil de ser dito do que praticado, e que muitas vezes fazemos o que fazemos justamente para sermos reconhecidos, mas é necessário amadurecer nossas reais motivações, para proporcionalmente amadurecer a nossa liderança, expandindo a nossa consciência, a fim de trabalharmos por algo maior do que a opinião das outras pessoas ou pela necessidade de aceitação.

2: Controle

Ato ou efeito de controlar(-se); instituição, órgão, setor etc. ao qual compete monitorar ou fiscalizar.

A segunda "vaca sagrada" de um líder é o controle. Líderes muitas vezes idolatram o controle que eles exercem sobre os processos e sobre as pessoas. Inclusive, alguns líderes, quando não experimentam a sensação de controlar suas equipes, funcionários, colaboradores, horários, agenda etc., se tornam agressivos e rancorosos.

Sem dúvida nenhuma, todo ser humano busca, em maior ou menor grau, a sensação de controle, principalmente os líderes, que são cobrados por resultados. O problema é que quando o controle se torna uma vaca sagrada na vida de um líder, ele, sem perceber, deixa de liderar e se torna um fiscalizador/ditador.

Líderes centralizadores escondem dentro de si uma insegurança com relação à própria capacidade de liderar. Uma liderança baseada no controle se torna ineficiente exatamente por ir na contramão do que é liderar, a saber, a promoção da autonomia por meio do nível de influência. E aqui estamos falando sobre autonomia diferenciando-a da independência.

> **Somente um líder desapegado do controle consegue promover a autonomia necessária para a equipe alcançar os resultados desejados.**

Líderes governados pela vaca sagrada do controle tendem a sofrer com ansiedade e *burnout*, dificilmente conseguem desfrutar de feriados e férias na totalidade, comprometendo outras áreas e relações em suas vidas. E é exatamente por isso que proponho essa metáfora, pois é necessário contornar a necessidade de controlar tudo e todos, a fim de desenvolver uma liderança humanizada e saudável.

Tentamos prever as situações para controlá-las. A neurose de controle permeia a ação do ser humano com uma promessa de garantir a sobrevivência minimizando as frustrações que possamos experimentar. Acontece que, quando exacerbada, ela gera uma avalanche de preocupações que se tornam fatores de adoecimento emocional.

3: Poder

Possuir força física ou moral; ter influência, valimento.

O terceiro tipo de vaca sagrada que consegue paralisar um líder é o poder. Essa sensação de domínio e força acontece quando os líderes são governados pela ambição de serem poderosos, desejáveis aos olhos dos outros e até invejáveis. De uma maneira muito mais velada e até negada quando comparada ao reconhecimento, a conquista de poder (ou, pelo menos, a sensação dele) através de um cargo de liderança é uma forma motivacional para alguns líderes.

Na prática, esse poder é vivenciado através do ato de tomar decisões, o que é inerente a qualquer cargo de liderança em qualquer contexto. Aliás, a tomada de decisão é o que um líder mais executa em sua jornada — a todo momento, o líder está munido de informações, dados, alvos e metas sobre processos e pessoas; assim, ele constrói estratégias e toma decisões.

Se existe um ponto de angústia relevante para o líder é quando suas decisões podem afetar a vida das pessoas que ele lidera.

Um líder governado pela vaca sagrada do poder está frequentemente em busca de impor suas opiniões, tem dificuldade de articular as diferenças da equipe e usá-las para melhoria contínua desta e exige, de uma forma ou de outra, que as coisas sempre sejam feitas como ele quer. Tem uma tendência ao narcisismo e é egocêntrico, provocando uma avalanche de atenção para si mesmo.

Se existe um lado bom nesse contexto, é que um líder que estabelece a liderança pela vaca sagrada do poder, na maioria das vezes, assume as responsabilidades pelas consequências das suas decisões. Não nega o que pensou e fez, não transfere a culpa nem fica se justificando.

E por que o poder é uma vaca sagrada no contexto da liderança? Porque esse tipo de líder, quando encontra liderados questionadores, empoderados, autônomos intelectualmente e maduros emocionalmente, passa a enxergá-los como uma ameaça para si mesmo e, assim, trava a eventual liderança deles, boicota esses perfis e compromete os resultados e a motivação da equipe e, consequentemente, os resultados da empresa.

Este tipo de líder tem uma forte tendência a se tornar um ditador corporativo que passa a estabelecer as suas relações e a sua liderança através do medo. E o medo nunca é saudável em uma relação interpessoal, pois provoca um clima de opressão que adoece, com um potencial de evoluir rapidamente para algum psicodiagnóstico depressivo. Existe esta crença estruturada nestes líderes: *É melhor ser temido do que ser amado*, pois acreditam que as pessoas geralmente são ingratas, volúveis, dissimuladas e ambiciosas, e que tudo isso fica oculto nelas enquanto é conveniente.

> Nos dias em que vivemos, o líder que estabelece a liderança pela vaca sagrada do poder tem cada vez menos espaço nos ambientes corporativos, que, por sua vez, estão mais conscientes da necessidade de lideranças colaborativas e que articulam as diferenças entre as pessoas como forma de impulsionar ideias, melhorias e inovação.

Se você se reconhece na totalidade ou em partes com este tipo de liderança, saiba que existem outras formas de experimentar a sensação de poder sem a necessidade de impor ou oprimir as pessoas com a sua forma de pensar. Esteja aberto a desenvolver uma mentalidade colaborativa, em que você, como líder, se torna o eixo principal da engrenagem, articulando os talentos da equipe de maneira humanizada. Abrir mão da crença de que "é melhor ser temido do que ser amado" é o primeiro passo para o processo de humanização.

4: Ascensão

Ato ou efeito de ascender; ascendimento, elevação; qualidade ou estado do que está em ascendência, movendo-se para cima, elevando-se.

Esta é a quarta vaca sagrada da liderança: a ascensão. Alguns líderes não ligam para o controle nem mesmo para o poder, desde que se sintam evoluindo verticalmente, desde que estejam em um movimento constante de crescimento. Eles se frustram rapidamente quando percebem que não conseguem evoluir na velocidade que desejavam, quando a ascensão é muito improvável ou quando a estrutura da empresa os impossibilita de ter essa necessidade saciada.

O líder que é governado pela vaca sagrada da ascensão acaba por desconsiderar o outro e sua singularidade, assumindo uma lógica utilitarista das relações. Explico: este tipo de líder usa as pessoas, muitas vezes de maneira sutil, para alcançar seus objetivos egocêntricos. A sede pelo "topo da montanha" se torna cada vez mais evidente, fazendo com que o líder não consiga se conectar verdadeiramente com as pessoas e com a equipe. O desejo de se ver evoluindo verticalmente na pirâmide organizacional se sobrepõe até mesmo aos objetivos estratégicos da empresa em que trabalha.

Você já consegue perceber como pode ser prejudicial estabelecer uma liderança baseada nesta vaca sagrada. Este tipo de liderança tende a desenvolver relacionamentos interesseiros, com baixa conexão emocional. Como o ponto focal é a própria ascensão, terá muitas dificuldades para olhar para as necessidades específicas de cada membro da equipe, se tornando um líder distante, ainda que esteja presente no mesmo ambiente de trabalho.

Assim, a vaca sagrada da ascensão pode paralisar o desenvolvimento saudável do líder quando este não percebe que a ascensão é o resultado de uma liderança humanizada, e não um fim em si mesmo.

> **Quem é governado pela ascensão deixará um legado de desmotivação, irrelevância e desprezo em suas equipes.**

5: Perfeição

O mais alto nível numa escala de valores; excelência no mais alto grau.

Por último, o perfeccionismo, uma vaca sagrada digna de Oscar! Todo perfeccionista quer esconder sua baixa tolerância à frustração. O perfeccionista na verdade é governado pelo medo das críticas, pelo medo da frustração e pelo medo de errar. Por não suportá-los ou, pelo menos, ter muita dificuldade de lidar com eles, acaba por adiar e procrastinar projetos e ideias, se omitindo na ação de liderar.

Este tipo de líder tem a ilusão de que conseguirá exercer a jornada de liderança passando ileso pelas críticas e frustrações.

A ação de liderar, no entanto, implica em exposição, e é inevitável exercê-la sem que tenhamos contato com frustrações, sendo julgados e criticados. Acontece que o líder que é governado por esta vaca sagrada frequentemente fica paralisado na possibilidade de receber *feedbacks* negativos. Muitas vezes, sofre por não conseguir argumentar sobre as críticas que recebe. Os líderes governados pela perfeição, em sua maioria, são introvertidos e represam o próprio sofrimento emocional até que não suportem mais.

A estrutura por trás do perfeccionismo é a autoimagem desumanizada. Explico: exigimos padrões inalcançáveis para a performance e o papel de um líder; introjetamos estereótipos de perfeição e nos exigimos acima do que realmente é possível para um ser humano competente e saudável.

Costumo dizer que existe uma tríade que define a nossa vida:

- **OPORTUNIDADES**
- **ESCOLHAS**
- **CONSEQUÊNCIAS**

Quando um líder escolhe fazer algo ou decide em uma direção, está, da mesma forma, renunciando a tantas outras possibilidades. É fácil entendermos isso: na nossa carreira profissional, fazemos inúmeras escolhas — formação; cursos; projetos em que nos envolvemos; oportunidades de trabalho que aceitamos ou não; atualizarmos ou não as nossas competências profissionais; nos abrirmos ou nos fecharmos a novos conhecimentos; dentre tantas outras escolhas possíveis. Todas essas escolhas geram consequências, algumas positivas, outras neutras, e ainda existem as consequências indesejadas.

==Cada escolha que fazemos tem, em si, inúmeras renúncias!==

Dizer sim ou não a uma direção acarreta tantas outras consequências que nem sabemos que existiam. Todos nos tornamos resultados das nossas escolhas. Até a omissão em escolher é, em si mesma, uma escolha.

O que as escolhas têm a ver com a vaca sagrada da perfeição? A busca desproporcional por perfeição é uma escolha que produz um fardo difícil de se carregar, produzindo muitas vezes um estilo de liderança crítico e infrutífero do ponto de vista da motivação da equipe.

Perfeição não é ausência de erros, mas sim permanência de propósito!

Um dia ouvi um líder dizer que "nada é tão bom que não possa ser melhorado". Realmente, do ponto de vista de melhoria contínua, esta é uma filosofia muito assertiva, principalmente quando aplicada a processos. O problema é quando a aplicamos ao comportamento humano e passamos a exigir padrões cada vez mais altos e inatingíveis para aquilo que pensamos, sentimos e fazemos.

O líder que tem como premissa esta vaca sagrada nunca está suficientemente satisfeito com a própria performance e terá grande dificuldade de desfrutar das suas conquistas. A sensação de que sempre algo pode ser melhorado na performance irá gradativamente minar a sua satisfação em exercer liderança. Normalmente, estes líderes se tornam pessoas introvertidas e melancólicas, sempre imaginando como poderia ter sido se tivessem feito outras escolhas.

Exatamente neste ponto reside o perigo de uma liderança baseada na perfeição: ele nunca será suficientemente bom, nunca estará preparado para grandes realizações e sempre usará o que ainda sente que não tem como justificativa para não fazer o que precisa ser feito. Existe uma frase que diz: *O feito é melhor do que o perfeito,* e ela se encaixa perfeitamente na nossa reflexão.

Erro *versus* Busca

Aprendi com a palestrante Branca Barão que, na cultura em que vivemos, nos tornamos severos demais com a nossa humanidade. Nós nos culpamos pelas escolhas que fizemos e que não foram assertivas, julgamos as escolhas que fizemos no passado a partir do conhecimento que temos no presente e, assim, nos punimos desproporcionalmente, gerando um sofrimento emocional.

Erro é diferente de busca. Chamo de busca quando erramos tentando fazer a melhor escolha. **A busca se define pela tentativa de realizarmos a melhor escolha dentro da realidade que temos no momento, muitas vezes utilizando uma mentalidade de redução de danos.** Nem sempre conseguimos fazer a escolha perfeita e, por isso, vamos nos deparar frequentemente com a necessidade de realizarmos a escolha "menos pior" diante do cenário em que nos encontramos.

O erro é outra coisa, na minha opinião. Errar é ter os recursos e o conhecimento para fazer as melhores escolhas, mas negligenciá-las.

> **O erro é produto da negligência.**

Quando temos as condições necessárias ou, pelo menos, sabemos onde buscá-las e acabamos errando, precisamos reavaliar nosso papel como líderes.

Digo isso para que você, como líder, se permita *buscar*, decidir mesmo sem estar perfeitamente nas condições desejadas, pois, acredite, na sua jornada de liderança, poucas vezes você estará diante de um cenário perfeito.

Mindsets Tóxicos

Essas vacas sagradas da liderança intoxicam nossas equipes, fazendo com que nossa liderança, nossa humanidade e nossos resultados sejam afetados de forma negativa.

Lidar com as crenças limitantes que alimentam as vacas sagradas só é possível se você estiver aberto a experimentar um estilo de liderança mais humanizado, o que certamente resultará não apenas em potencialização da performance da equipe, como também na melhoria dos resultados alcançados e da saúde emocional sua e da sua equipe.

CAPÍTULO 3

CULTURA E LIDERANÇA

Cultura significa todo aquele complexo de conhecimentos, crenças, leis, moral, costumes, artes e todos os hábitos e aptidões adquiridos pelo ser humano. É o conjunto de ideias, comportamentos, símbolos e práticas sociais aprendidos de geração em geração ao longo da vida em sociedade.

> *Cultura é uma produção histórica, isto é, uma construção que se inscreve na história, mais precisamente na história das relações dos grupos sociais entre si. Para analisar um sistema cultural, é então necessário analisar a situação sócio-histórica que o produz como ele é.* —GEORGES BALANDIER

Agora pense nisto: uma empresa pode ter dezenas de benefícios, promessas, gestão de carreira, plano progressivo de remuneração, participação nos lucros e resultados, ambiente inovador, recursos de última geração, processos robustos, academia, lazer para a família etc.; no entanto, se o líder for imaturo emocionalmente, aos poucos tudo isso vai por água abaixo, afetando a cultura organizacional.

É interessante perceber como os líderes são os verdadeiros responsáveis por estabelecer na prática qual é a cultura organizacional que prevalecerá na empresa. Existem muitas formas de provocar e promover uma cultura mais humanizada e saudável do ponto de vista emocional, entretanto, se os líderes não assumirem essa cultura e esses valores como uma bússola para sua atuação, será impossível sustentar as mudanças, ainda que se invista em um projeto robusto de comunicação e *marketing* para propagar a cultura. Muitas empresas não entendem este princípio básico, então vamos começar falando dele: qualquer mudança deve começar pelos líderes.

O eixo principal da alta performance humanizada é o desenvolvimento contínuo da liderança e a *segurança psicológica* das equipes. Qualquer jornada de transformação e sustentação cultural de uma organização tem que nascer na liderança.

O líder é o grande responsável pelas prioridades da empresa na prática, visto que ele é quem direciona a própria energia e a da equipe para os objetivos que ele julgar relevantes. Assim, na teoria, uma empresa pode ter uma estratégia, entretanto, se o líder não estiver alinhado e consciente da prioridade, para agir na direção dessa cultura, cairá em descrédito com os colaboradores, gerando insatisfação e afetando o clima organizacional.

CULTURA DO ACOLHIMENTO

Já pensou na grande responsabilidade que o líder tem diante do clima organizacional da equipe? Esta é uma responsabilidade intransferível, de qualquer líder, em qualquer contexto. Entretanto, não precisa ser um fardo emocional promover uma cultura humanizada e saudável para todos, aliás, pode ser muito mais simples e leve do que se pensa.

Existe um "segredo" nesse processo, que pode ser extremamente útil e eficiente na jornada do liderante! Antes de mais nada, precisamos relembrar que a natureza da liderança são as pessoas, e que ela só é vivenciada nas relações intrapessoais e interpessoais. Assim, quando o líder investe mais energia nos recursos e nos processos do que nas pessoas, está promovendo uma cultura desumanizada, com uma grande tendência a transformar a identidade de líder em uma identidade de chefe.

Entretanto, quando investe em construir vínculos significativos com as pessoas que lidera, um horizonte de novas possibilidades, engajamento e desempenho se abre, e automaticamente a sua identidade como um líder relevante e humanizado é potencializada.

Acontece que, para isso, sua agenda precisa contemplar sua presença para intencionalmente se conectar não apenas com os cargos que você lidera, mas principalmente com as pessoas — e suas histórias — que preenchem tais cargos.

> **O vínculo é produto da convivência, assim, conviver é o único caminho possível para construir vínculos relevantes e duradouros com a equipe.**

Lembre-se: a maioria das pessoas está em vulnerabilidade emocional ou tem alguém muito próximo que está nessa condição. Este pode ser o pontapé inicial para que você comece a criar vínculos significativos, acolhendo as demandas da sua equipe e se conectando de maneira genuína com seus liderados.

É exatamente nesse ponto que você poderá extrair o maior nível de desempenho possível, com o maior nível de humanização. Líderes assim mudam a história de pessoas e de organizações. Líderes assim elevam uma marca ou uma empresa de maneira exponencial; inevitavelmente, os excelentes resultados começam a aparecer.

Cultura de Acolhimento para Novos Colaboradores

Pelo olhar da equipe e do líder, que estão tão envolvidos nas tarefas e metas, pode ser só mais um dia, mas, na vida do novo colaborador, o primeiro dia é um grande dia, no qual boa parte de toda a sua dedicação começará ou voltará a fazer sentido.

É indispensável reforçarmos um princípio existencial. O trabalho é o lugar da grande realização da nossa existência. Passamos muito tempo no trabalho, realizando coisas. Muitas vezes, investimos anos estudando para executar o que fazemos, nos preparamos, e é por isso que, do ponto de vista existencial, o trabalho e a profissão que exercemos têm um grande poder no sentido e significado das nossas vidas, inclusive contribuindo para transbordarmos o nosso propósito existencial.

Alguns filósofos acreditam que a existência precede a essência da vida; outros, espiritualistas, acreditam que a essência de cada pessoa vem antes da sua existência. Na minha experiência de vida e na prática clínica e laboral, tenho visto que tanto a essência quanto a existência têm se construído dialeticamente, se modificando e alterando não só padrões de crenças e propósitos, como também aspectos mais inatos, como o temperamento.

E é por isso que o dia de acolher um novo colaborador precisa ser especial, e, para isso, você precisa intencionalmente prepará-lo na sua agenda. Primeiro porque é o dia em que você pode construir uma marca poderosa de natureza emocional nessa pessoa. A maneira como ela será acolhida vai determinar muitas das percepções dela sobre a sua liderança e poderá abrir ou fechar caminhos de conexão e vínculos.

Não pode ser só mais um dia, tanto você quanto a equipe precisam estar preparados para acolher o novo funcionário, cuidando para não despejar uma avalanche de informações e, principalmente, envolvendo-o em uma atmosfera de otimismo, respeito e empatia.

O impacto do primeiro dia de trabalho pode ser fundamental para que o novo membro da equipe se sinta confiante o suficiente para demonstrar todo o potencial dele e para apoiá-lo na superação dos desafios.

Isso só é possível se você, líder, entender o quão fundamental será a sua atitude nesse acolhimento. É nessa hora que você poderá mostrar a sua humanidade, se tornando referência para o que for preciso e impedir o distanciamento hierárquico que muitas vezes acontece por causa de relacionamentos desprovidos de sentimento.

Perguntar como o recém-chegado está se sentindo, o que ele pensa sobre o novo trabalho, e de maneira gradativa ir apresentando-lhe a equipe e o local de trabalho, assim como os recursos e processos com que terá contato, farão com que ele se sinta acolhido e pertencente a essa nova realidade.

Gostaria, assim, de deixar duas dicas importantes na promoção da cultura de acolhimento de novos colaboradores.

1. Seja criativo e empodere a equipe para ser criativa na recepção deste novo integrante. Mensagens impressas, dentre outras ideias, são bem-vindas e podem causar impacto positivo não somente no novo funcionário, mas também no clima da equipe.
2. Não deixe o funcionário novo ir embora sem que antes você reserve pelo menos alguns minutos para saber dele como foi o primeiro dia e também esclarecer dúvidas que possam ter surgido.

Esse acolhimento só será efetivo se você, como líder, influenciar a sua equipe mostrando a ela o quão importante é esse momento.

CULTURA DO APRENDIZADO

Outra estrutura cultural fundamental para que o líder se desenvolva continuamente e abrace a humanização como propósito da sua liderança é a cultura do aprendizado.

> ... ensinar não é transferir conhecimento, mas criar as possibilidades para a sua própria produção ou a sua construção. Quando entro em uma sala de aula devo estar sendo um ser aberto a indagações, à curiosidade, às perguntas dos alunos, a suas inibições, um ser crítico e inquiridor, inquieto em face da tarefa que tenho — a ele ensinar e não a de transferir conhecimento.
> —PAULO FREIRE, PEDAGOGIA DA AUTONOMIA

A cultura do aprendizado é um conjunto de ações e intenções que promovem não só a gestão do conhecimento, como também a gestão emocional de quem ensina e de quem aprende. Funciona como uma descarga de saberes que depende de uma postura aberta e receptiva de cada pessoa.

Quando pensamos que já sabemos como fazer as coisas ou quando não estamos abertos para questionarmos a maneira como as fazemos, emanamos uma atmosfera de arrogância e prepotência que, mesmo em pequenas doses, pode bloquear o potencial criativo tanto do líder quanto da equipe.

Essa postura também causa um certo dano emocional, pois, ao bloquear esse potencial, outras expressões de conhecimento vão gradativamente sendo oprimidas, criando, assim, um ambiente de insegurança psicológica e de angústia laboral.

É interessante percebermos que muitos líderes têm medo de dizer que não sabem como agir ou o que decidir em determinadas situações e que acabem por represar a angústia inerente a esses casos, alimentando assim um nível de sofrimento na sua condição de liderante.

Outra maneira de mascarar o desconhecimento é simplesmente fingindo que sabem o que fazer, o que também produz ansiedade capaz de comprometer o desempenho da sua liderança quando isso se torna recorrente.

Eu me lembro desta fala do filósofo Mario Sergio Cortella: "Na era da informação, fingir que sabe é a maior tolice". Muitos líderes ainda alicerçam suas lideranças no acúmulo de informação e vivem com a máxima de que conhecimento ou informação é poder.

É curioso perceber como ainda vinculamos o desempenho de um líder à quantidade de informação que ele é capaz de reter, por exemplo, diante de um dilema em uma reunião. A angústia do não saber e de ser julgado como incompetente faz com que muitos líderes inventem, mintam e até manipulem informações para parecerem mais conhecedores e inteligentes do que realmente são.

O verdadeiro projeto de um líder humanizado está em criar ambientes de aprendizado entre os processos teóricos e práticos.

==Todo líder humanizado é, em essência, um educador corporativo.==

Na minha opinião, é exatamente aí que reside a beleza da liderança, no poder de transformar o mundo e as pessoas por intermédio da gestão dos saberes, potencializando uma cultura do aprendizado. Paulo Freire afirma que: "Quem ensina aprende ao ensinar e quem aprende ensina ao aprender".

Defendo de maneira incisiva que a humildade é a base de qualquer cultura de aprendizado: saber que não sei e saber onde buscar o que não sei, transbordando a todo momento o meu aprendizado, replicando na minha área de atuação todos os saberes, permitindo que ele se modele no outro com respeito e empatia.

Somos seres humanos que aprendemos na e da cultura de que participamos. Vai da língua que falamos ao amor que praticamos, da comida que comemos à filosofia de vida com que atribuímos sentidos ao mundo, à fala, ao amor, ao saber, à educação e a nós próprios.

Somente pessoas emocionalmente maduras e saudáveis estruturam uma cultura madura e saudável de aprendizagem!

CULTURA DO FEEDBACK

Feedback é informação de qualquer fonte que me deixa saber como estou ou como sou percebido. O feedback é um "remédio" capaz de prevenir angústias e sofrimentos emocionais dentro do ambiente corporativo.

A dificuldade de dar *feedbacks* negativos e o menosprezo pelo poder dos *feedbacks* positivos são uma grande lacuna no processo de comunicação dos líderes.

Então, vamos falar sobre ele! Esta palavra importada ganhou uma enorme importância no contexto da liderança, de maneira geral, entretanto teve o seu significado atrelado a situações desconfortáveis emocionalmente, na maioria das vezes. Explico: imagine que o seu líder o chame na mesa e diga: "Preciso te dar um feedback!" Qual é o sentimento que nos preenche ao ouvirmos essas palavras?

Posso afirmar, a partir da minha prática organizacional como psicólogo, que essa frase está infinitamente mais atrelada a sentimentos ruins e de desapontamento ou erros do que a sentimentos positivos de superação. Isso acontece pelo desequilíbrio que temos ao reconhecer erros e acertos, qualidades e defeitos, entre tantas outras polaridades do comportamento humano.

Somos mais severos do que empáticos no reconhecimento, assim, temos maior facilidade de reconhecer, por exemplo, nossos defeitos, do que nossas qualidades. Temos medo de parecermos arrogantes quando falamos bem de nós mesmos, assim projetamos essa insegurança nos outros e passamos a temer que, se elogiarmos, tornaremos o outro arrogante ou, na melhor das hipóteses, o acomodaremos em uma zona de conforto.

Assim, deixamos de valorizar o poder do feedback e desnutrimos a equipe com informações relevantes sobre ela.

O feedback é a única forma de desenvolvermos o potencial da equipe — e de nós mesmos. Quando damos ou provocamos um feedback, perguntando sobre o nosso desempenho, estamos contribuindo para a melhoria contínua das pessoas e dos processos, afinal, um funcionário, por mais qualificado que seja, não chega pronto, precisa ser direcionado continuamente. Aliás, nenhum ser humano nasce pronto!

> *Não nascemos prontos (...) é absurdo acreditar na ideia de que uma pessoa, quanto mais vive, mais velha fica; para que alguém quanto mais vivesse, mais velho ficasse, teria de ter nascido pronto e ir se gastando... Isso não ocorre com gente, mas com fogão, sapato, geladeira. Gente não nasce pronta e vai se gastando; gente nasce não-pronta e vai se fazendo.*
> **—MARIO SÉRGIO CORTELLA**

O feedback é um processo de aprendizagem contínua e deve ser usado como inteligência do negócio e da equipe, porque não só informa as pessoas sobre o desempenho delas, mas também tem o poder de construir conhecimento em um processo dialético de saberes. O líder, como um educador, não está ali só para transferir conhecimento, mas também para favorecer a produção de possibilidades, por meio do feedback.

A modernidade líquida, como o sociólogo polonês Zygmunt Bauman apresenta, exige uma postura muito mais assertiva dos líderes e das equipes de trabalho. Isso não acontece de maneira espontânea; tem que ser um projeto intencional de cada um, tanto para si quanto para o outro.

> **Feedbacks dialógicos e assertivos dependem da maturidade emocional do líder.**

Enquanto tratarmos o *feedback* como um evento, não avançaremos muito. Entretanto, quando o *feedback* se tornar uma cultura que garanta a segurança psicológica na equipe, tudo mudará.

O MAPA NÃO É O TERRITÓRIO

Este é um pressuposto da Programação Neurolinguística (PNL) que basicamente diz que interpretamos o mundo e as relações a partir de mapas, filtros e crenças que temos sobre a vida.

Minha intenção, nesse sentido, é fazer uma releitura e contextualizar esse conceito na direção do desenvolvimento emocional de líderes.

A saúde emocional do líder é um território a ser explorado. Muitas vezes desconhecido, esse território precisa ser encarado, desbravado, trilhado por pessoas que decidiram romper com os estigmas e enfrentar com bravura o autoconhecimento.

Para aquecermos nossas reflexões, quero apresentar uma música que talvez você conheça, cantada por Dani Black e Milton Nascimento.

Eu sou maior
Do que era antes
E sou melhor
Do que era ontem
Eu sou filho do mistério e do silêncio
Somente o tempo vai me revelar quem sou

As cores mudam
As mudas crescem
Quando se desnudam
Quando não se esquecem
Daquelas dores que deixamos para trás
Sem saber que aquele choro valia ouro
Estamos existindo entre mistérios e silêncios
Evoluindo a cada lua a cada sol
Se era certo, ou se errei
Se sou súdito, se sou rei
Somente atento à voz do tempo saberei

Perceba que esse poema cantado é um convite ao autodescobrimento, um mergulho nas profundezas do nosso próprio ser, com o objetivo de encararmos os nossos medos e angústias.

A vida é um processo de desenvolvimento e transformações; mutações e revitalizações.

"As cores mudam, as mudas crescem, quando se desnudam, quando não se esquecem, daquelas dores que deixamos para trás, sem saber que aquele choro, valia ouro…"

Assim como na vida, nossa liderança só se expande quando abrimos o nosso coração a nós mesmos, quando nos desnudamos, quando tiramos o véu que encobre quem realmente somos e o que realmente queremos.

Outro elemento importante no desbravar desse território são as memórias. *"Quando não se esquecem"* é o que diz a música. Nós nos lembramos das nossas origens e nos conectamos com a nossa história (que certamente já é um *best-seller* de superação) quando não apagamos os choros, as dificuldades; quando não nos envergonhamos dos nossos pais ou daqueles que cuidaram de nós enquanto crescíamos.

Desbravar esse território desconhecido chamado autoconhecimento é muito mais do que comprar um livro ou assistir a um filme. É uma jornada que pode ter dia e hora para começar, porém sem garantias de quando chegará ao fim.

Talvez por isso muitas pessoas e líderes prefiram o pragmatismo. Causa e efeito, e fórmulas prontas de desenvolvimento, dão uma sensação de controle que muitas vezes buscamos para nos sentirmos seguros. Queremos fazer o melhor para as pessoas, queremos crescer, evoluir, entretanto, por vezes, ignoramos que isso não é possível sem olharmos profundamente para dentro de nós.

O MAPA

Quando saímos em uma viagem, exploração ou aventura, frequentemente usamos um mapa. Nos dias de hoje, temos aplicativos que nos dão a rota, o tempo de viagem e nos avisam de algumas situações que enfrentaremos, sejam pedágios, acidentes na pista, radares de velocidade, entre outras informações.

O mapa nos ajuda a planejarmos nossa viagem, nos dá uma sensação de segurança e nos permite reunir os recursos necessários. O mapa também nos fornece informações importantes sobre "para onde vamos", sobre o nosso destino, mas não nos informa sobre a razão da nossa viagem.

Muitas vezes confundimos o mapa com o território. Passamos a acreditar que, se estudarmos detalhadamente os mapas da vida, já saberemos o que é viver. Explico: pense que você deseja fazer uma viagem de carro, do local onde você está até alguma cidade a uma distância aproximada de 1.000 quilômetros. Você então vai estudar sobre a cidade, vai verificar a melhor rota para chegar lá, vai ver as coisas interessantes de que pode desfrutar, onde dormir etc.

Contudo, por mais que você estude e se projete ao seu destino, por mais detalhes e previsões que possa fazer sobre o território que você vai conhecer, isso não chegará nem perto do que realmente vai viver durante o trajeto ou estando lá. O mapa nunca conseguirá reproduzir de maneira fidedigna o que é estar naquele lugar, a sensação, os cheiros, os gostos, as paisagens, os sentimentos, entre tantos outros elementos que não conseguiremos capturar sem que estejamos no território.

Mas qual a relação disso com a liderança? Simples: na jornada de se tornar um líder melhor, humanizado e de alto desempenho, por mais que você estude, por mais que tenha mapas que outras pessoas usaram, por mais que tente prever como será tornar-se um líder, somente trilhando com coragem essa jornada e se abrindo ao desconhecido é que você poderá saber como realmente é.

Estudar um tema não significa experimentá-lo na prática. Vejo muito isso nos processos clínicos que conduzo com meus pacientes. Muitos líderes chegam ao meu consultório para tratar de questões pontuais, na maioria das vezes impelidos por seus companheiros ou companheiras, ou por pessoas muito próximas que se preocupam com a saúde emocional deles. Por diversas vezes, me deparei com pessoas que já tinham estudado e feito inúmeros cursos de inteligência emocional e desenvolvimento de lideranças, mas que nunca se abriram, desnudando sua alma para conseguirem se conhecer como realmente são, encarando medos, desejos, vontades, traumas etc.

Somente após esse mergulho existencial, conseguiram, na prática, entender que o mapa nunca será o território, e quanto mais rápido nos abrimos para esse mergulho, menos sofrimento enfrentaremos como pessoa e como líderes.

Se usarmos esse pressuposto da PNL no contexto da liderança, podemos afirmar que as representações internas (mentais) que temos de nós mesmos, das pessoas e do mundo determinam como vamos nos relacionar com a vida. Assim, se quisermos mudar nossa experiência de liderança, teremos que nos abrir ao território, e não apenas ao conhecimento do nosso mapa.

Ainda nessa releitura conceitual, aplicando-a à liderança, podemos afirmar que o território são as coisas como realmente são, e não necessariamente como as acessamos. Toda expressão de comunicação, seja ela visual, emocional, verbal/oral, escrita, está sujeita à interpretação, e interpretamos o mundo a partir da nossa cosmovisão, ou o que podemos chamar de filtros e mapas internos.

O TERRITÓRIO

Quando honestamente vivenciamos o que é ser um líder, percebemos que, no território da liderança, os conhecimentos mais profundos e os estudos mais sistêmicos não representam fidedignamente o que encontramos na prática.

Não se preocupe, isso acontece na maioria das profissões. Costumo dizer que na prática a teoria é outra. Claro, este é um exagero da minha parte, porém, frequentemente, percebo que apenas quando colocamos o nosso conhecimento em prática é que poderemos otimizá-lo para que realmente seja relevante.

Exatamente por isso defendo a maturidade emocional como elemento fundamental para uma liderança humanizada e de alto desempenho. Liderar implica em cuidar de pessoas, experimentar emoções, gerenciar reações, a fim de alcançar os objetivos para os quais a liderança existe.

Podemos fazer inúmeras projeções sobre as nossas relações, sobre a nossa equipe, sobre as pessoas que fazem parte do contexto em que atuamos, mas nenhuma delas representará de maneira precisa o que essas pessoas são. Este é um desafio para a nossa saúde mental e para a segurança psicológica das nossas equipes, pois, quanto mais estivermos abertos a conhecer os territórios como eles realmente são, menos sofrimento iremos experimentar durante a nossa jornada.

Percebo que esta abertura diz respeito ao enfrentamento dos nossos preconceitos e das nossas percepções com relação as pessoas que lideramos.

Agora voltemos ao exemplo do planejamento de uma viagem. Imagine que, ao chegar ao território, você percebe que o seu mapa não condiz com a realidade que você encontra, e isso inevitavelmente exige de você um replanejamento. Se a sua atitude como líder ainda estiver baseada no mapa, e não na realidade que você encontrou, certamente suas decisões estarão comprometidas e não serão eficazes.

Do ponto de vista emocional, fica claro que, quanto maior for a nossa flexibilidade cognitiva, maior será a nossa efetividade na promoção de uma liderança humanizada. Na mesma proporção, quanto mais rígidos estivermos em nossa maneira de pensar e projetar as nossas crenças, mais angústia produziremos em nossas equipes.

O território é ilimitado, o mapa não! Aquilo que eu penso sobre as pessoas e sobre a minha equipe não pode se limitar às minhas experiências de vida nem às projeções pessimistas que muitas vezes norteiam as emoções de um líder com relação às pessoas.

Quando deixo de acreditar no potencial positivo das pessoas, estou limitando o território a partir das minhas crenças limitantes.

É fácil perceber o quanto a flexibilidade cognitiva e o que podemos chamar de neuroplasticidade emocional são fundamentais para potencializar a criatividade, as habilidades e as soluções diante dos desafios da liderança.

Uma reflexão importante nesse processo é que, quando resumimos o outro a partir dos nossos comportamentos, deixamos de ampliar o nosso olhar e de compreendê-lo na sua complexidade.

Tenho uma certeza: esse mergulho existencial pode revelar elementos capazes de transformar a nossa liderança em um processo muito mais leve e eficaz.

O pressuposto de que *o mapa não é o território* nos ajuda a julgarmos as situações, as pessoas e seus comportamentos de maneira humanizada, fazendo com que tanto nós, como líderes, quanto as nossas equipes ampliemos nossas compreensões sobre nós mesmos, sobre nossas emoções e sobre a vida.

QUANDO O TERRITÓRIO SE ATUALIZAR, ATUALIZE O MAPA

Expandir nossa visão para compreender que o indivíduo é muito mais que o seu comportamento nos transforma em pessoas mais compreensivas e empáticas, nos ajudando a extrair o que há de melhor nas relações, seja no contexto pessoal ou no profissional.

Nossos sentimentos atrelados à nossa liderança são acionados sempre que interpretamos a realidade e a atitude das pessoas ao nosso redor. O território emite estímulos cognitivos e emocionais que nos fazem tomar decisões executando nossas ações diárias.

É exatamente por isso que o alvo do nosso controle deve ser nossas reações, e não nossas emoções. O território não é estático, ele é orgânico; na liderança, o território são as pessoas, e elas, assim como nós, estão em constante transformação. A nossa personalidade não é estática, mas dinâmica (falaremos mais sobre isso adiante).

Dicas para humanização da sua liderança:

1. Não julgue pelas aparências.
2. Não rotule por comportamentos pontuais.
3. Compreenda antes de interpretar.
4. Seja amoroso consigo mesmo; quando errar julgando o território pelo seu mapa, se perdoe.

5. Seja humilde; pedir desculpas é uma forma de se conectar verdadeiramente com o território.
6. Não determine o valor de uma relação pelas dificuldades que você enfrenta, avalie também o potencial.

Vá com calma, mas com alma; mergulhe em você mesmo e aprenda a tocar a vida em frente.

Como diria Almir Sater, na música "Tocando em Frente":

Ando devagar
Porque já tive pressa
E levo esse sorriso
Porque já chorei demais

Hoje me sinto mais forte
Mais feliz, quem sabe
Só levo a certeza
De que muito pouco sei
Ou nada sei
Conhecer as manhas
E as manhãs
O sabor das massas
E das maçãs

É preciso amor
Pra poder pulsar
É preciso paz pra poder sorrir
É preciso a chuva para florir
Penso que cumprir a vida
Seja simplesmente
Compreender a marcha
E ir tocando em frente

Como um velho boiadeiro
Levando a boiada
Eu vou tocando os dias
Pela longa estrada, eu vou
Estrada eu sou
Conhecer as manhas
E as manhãs
O sabor das massas
E das maçãs

É preciso amor
Pra poder pulsar
É preciso paz pra poder sorrir
É preciso a chuva para florir
Todo mundo ama um dia
Todo mundo chora
Um dia a gente chega
E no outro vai embora
Cada um de nós compõe a sua história
Cada ser em si
Carrega o dom de ser capaz
De ser feliz

CAPÍTULO 4

EXPANDINDO SEUS NÍVEIS DE CONSCIÊNCIA

Para você que é líder ou atua no desenvolvimento de líderes, vou apresentar a estrutura base da transformação do comportamento humano. Existem inúmeras teorias que buscam explicar os determinantes psicológicos das escolhas e do comportamento das pessoas. Meu objetivo não é esgotar esse assunto, mas sim lançar uma luz intensa sobre um ponto importantíssimo que afeta o comportamento de líderes e das suas equipes.

Quando aumentamos o conhecimento sobre nosso comportamento e aprendemos a nomear alguns sentimentos e estruturas, passamos a expandir também nosso repertório de possibilidades de ação, o que certamente nos ajuda a sermos pessoas e líderes melhores e mais maduros emocionalmente.

Sendo muito didático aqui, imagine um músico que aprendeu a tocar um instrumento musical na escala maior. A escala maior pode ser uma excelente base para uma composição ou execução de uma música. Acontece que existem inúmeras outras escalas possíveis, (menor, pentatônica, cromática, blues etc.) que, quando aprendidas por um músico, possibilitam uma ampliação exponencial do repertório para compor e tocar.

Assim é na liderança. Quanto mais conhecimentos e habilidades, maior é a possibilidade de atuarmos de maneira assertiva e humanizada como líderes. Não se engane, não estou falando de acúmulo de informação, e sim de construção de conhecimentos realmente relevantes para melhorar a sua performance como líder ou como desenvolvedor de líderes.

Por isso, defendo que qualquer projeto de desenvolvimento de líderes é um projeto educativo de ampliação da consciência. Entender de maneira sistêmica as implicações da subjetividade humana é o eixo principal sobre o qual se constrói uma liderança humanizada e saudável.

No comportamento de um líder, existem quatro níveis de consciência que influenciam não apenas o seu comportamento, mas determinam a sua identidade.

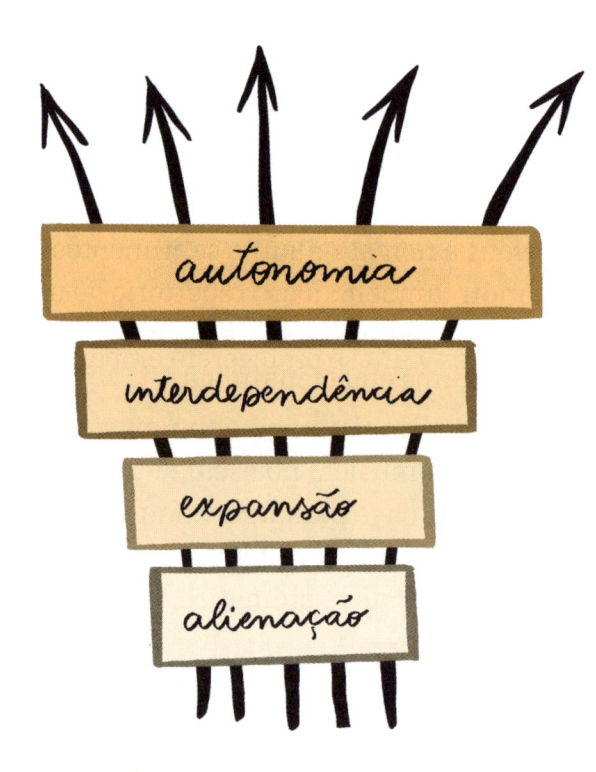

autonomia

interdependência

expansão

alienação

NÍVEL DE CONSCIÊNCIA 1: ALIENAÇÃO

São líderes orientados por tarefas, ou, como eu costumo dizer, não são líderes, são tarefeiros. Este é o nível de consciência da maioria dos líderes no início da jornada, mas se engana quem pensa que apenas novatos estão neste nível. Já me deparei com líderes com décadas de experiência e que ainda atuam baseados nas premissas deste nível, as quais são:

Premissa 1 — Rigidez Cognitiva

Esta premissa indica uma forma não questionadora de atuar, na qual se exerce a liderança a partir de ideias fixas internalizadas ao longo da vida e que impedem a pessoa de enxergar outras possibilidades de ser e fazer diferente.

Assim, internalizam acriticamente crenças sobre como agir, na maioria das vezes, vistas ou ouvidas de outros líderes famosos, tomando como verdade absoluta determinada ideia ou forma de ser.

São tarefeiros, cumprem processos e, por vezes, têm dificuldade de raciocinar e pensar além do que já conhecem. A rigidez cognitiva acaba por ser a base para uma liderança enviesada, preconceituosa e desumanizada, pois o líder não consegue estabelecer relações saudáveis nem vínculos significativos com as pessoas que pensam diferente deles.

Pessoas e líderes alienados buscam se cercar de outras pessoas que pensam como eles, para se protegerem emocionalmente.

Premissa 2 — Restritiva

Os alienados não conseguem enxergar com abrangência a empresa e o negócio em que trabalham; simplesmente atuam e decidem com base na ideia de que as responsabilidades atribuídas a eles são a única prioridade digna de investimento.

Estão restritos às tarefas diárias, atuam muito mais como reacionários das situações do que como protagonistas. Acreditam que o que já sabem é o suficiente para se manterem relevantes no cargo que exercem. Na sua grande maioria, não são criativos e condenam os que são, menosprezando-os com deboches, dentre outras formas de opressão.

Dificilmente valorizam o que os outros fazem e estão fechados a ideias de inovação, resistindo o máximo que puderem às mudanças.

Não estão abertos a ideias e pensamentos conflitantes e se esquivam de projetos que necessitam de articulação multiprofissional.

Premissa 3 — Autoritária

São pessoas que utilizam como mecanismo de defesa psicológica a agressividade, muitas vezes representada pelo autoritarismo. Estão orientadas ao individualismo e têm baixo repertório de argumentação para persuadirem de maneira saudável. Elas se expressam com uma linguagem incisiva e têm baixa tolerância à frustração. Ainda imaturas, caminham em sua liderança em busca de referências famosas, como forma de respaldarem suas ações; são, em certa medida, ciumentas e controladoras no ambiente de trabalho.

Não significa que imitarmos referências de sucesso seja ruim. Afinal, já dizia Guimarães Rosa: "Tudo se finge, primeiro; germina autêntico é depois". A questão é que os alienados oprimem a si mesmos e os autênticos que estão germinando.

Todos nós, em alguma área de nossas vidas, ainda estamos no nível de consciência da alienação. Pode ser em nossa vida financeira, negando os avanços da tecnologia com relação às possibilidades do dinheiro digital, por exemplo.

Quando estamos fechados emocionalmente, tendemos a sofrer com as mudanças impostas no ambiente de trabalho, o que dificulta e muito o alcance dos resultados da equipe, que acaba também por assumir uma identidade mais competitiva e predatória. Líderes alienados precisam investir em formações que possibilitem a expansão da sua consciência de liderar.

NÍVEL DE CONSCIÊNCIA 2: EXPANSÃO

Líderes com o nível de consciência em expansão lidam melhor com as mudanças e com a diversidade, entretanto ainda enfrentam o desafio de se tornarem maleáveis em sua forma de pensar, experimentando e vivendo todo o potencial que podem se tornar com suas equipes. São orientados por projetos, e não por tarefas.

Premissa 1 — **Abertura Experimental**

Neste nível, o líder já respeita outras formas de pensar e ser, consegue se relacionar de maneira a suportar as diferenças, entretanto ainda não permite que essas diferenças influenciem o seu modo de pensar. Muitas vezes concordam com a cabeça, mas discordam no interior. Vivem um conflito existencial que diz respeito ao seu modo de ser no mundo. Estão abertos a experimentar, mas ainda resistem a mudanças estruturais em seu modo de liderar.

Começaram a considerar maior abrangência em sua visão do que é liderar e, por vezes, se questionam sobre como melhorar a performance.

Premissa 2 — **Receptividade**

Um líder com o nível de consciência em expansão está receptivo a outras ideias, consegue expor seu ponto de vista e respeita outras formas de enxergar as questões pertinentes ao trabalho. Apesar de ser receptivo, as suas convicções sobre pessoas, liderança e trabalho ainda prevalecem. Diante do desafio de liderar pessoas plurais, como disse anteriormente, ele consegue se relacionar o suficiente para cumprir minimamente com o seu papel na equipe sem que isso se torne uma ameaça para sua identidade.

Essa receptividade pode, muitas vezes, mascarar preconceitos, mas como a consciência já está se expandindo para outras possibilidades de ver o mundo, frequentemente este líder se encontra em algum nível de conflito interno.

Premissa 3 — Interatividade

Líderes neste nível de consciência estão iniciando um movimento de interação com outras pessoas, percebem a necessidade de continuarem esse movimento de expansão e, exatamente por isso, se tornam intencionais na exposição de suas ideias.

Estão com o repertório de argumentação e persuasão ampliados e se sentem mais seguros para se exporem em reuniões e grupos. A interação com pessoas e grupos de diferentes opiniões já não é vista como ameaça, porém ainda evitam situações mais complexas.

Líderes com este nível de consciência estão experimentando o início da maturidade. Esta abertura pode promover uma sensação de crescimento e transformação que culminará em um profissional muito mais preparado para os desafios da liderança.

NÍVEL DE CONSCIÊNCIA 3: INTERDEPENDÊNCIA

Este nível de consciência tem como principal característica a busca ativa por outras formas de pensar e de ser na liderança. Estes líderes reconhecem que a liderança, na verdade, é um ecossistema que só se sustenta pela humildade e têm clareza de que o maior potencial das equipes que lideram só pode ser alcançado através da diversidade de saberes.

Como disse Paulo Freire: "Não há saber mais ou saber menos, há saberes diferentes".

Alguns elementos são peculiares e muito benquistos nos dias de hoje.

Premissa 1 — Dialógica

São líderes que desenvolveram habilidade para ouvirem e considerarem ideias conflitantes com as suas, inclusive sendo intencionais nessa busca por *feedbacks* e orientações. A base da característica dialógica nestes líderes é a humildade.

Um dia ouvi uma definição de humildade que assumi para minha vida, pois muitas pessoas a confundem com pobreza e ausência de recursos.

"Humildade é ser fiel à sua realidade". Humildade não é fingir ser menos do que se é nem fingir conhecer menos do que se sabe. Humildade é considerar o caminho que trilhamos para chegar aonde chegamos e, assim, ajudarmos outros nessa jornada. Fingir ser pobre quando se tem dinheiro é, na verdade, expressar uma mentalidade de escassez. Fingir não saber quando se sabe é negligenciar o conhecimento só para que as pessoas não se sintam ofendidas.

Líderes no nível da interdependência estão orientados por melhoria contínua, são desapegados da imagem do líder como herói, conseguem potencializar os talentos individuais da equipe e promovem um senso de pertencimento e autogestão. São emocionalmente maduros e provocam um ambiente de saúde e segurança psicológica.

Premissa 2 — Colaborativa

O líder neste nível de consciência é colaborativo, promove parcerias estratégicas e relações baseadas na mentalidade do "ganha-ganha". Reconhece a riqueza das equipes multidisciplinares e, por isso, se articula com elas, para que o trabalho e os resultados sejam alcançados com muito mais leveza e engajamento.

Ele está sensível às angústias que o cercam, seja da equipe ou dos líderes superiores, e consegue exercer uma liderança baseada na influência, e não na autoridade do cargo que ocupa. Assim, constrói relacionamentos com vínculos significativos, que são responsáveis por melhoria contínua no clima organizacional.

Transparência e clareza de valores ajudam a rechear um líder que desenvolveu o nível de consciência da interdependência. Ele sabe que não consegue realizar muitas coisas sozinho e, por isso, está em constante aprendizado sobre comunicação e *feedback*.

Premissa 3 — Abrangente

Estes líderes são orientados por visão, e não por projetos. Ampliaram a visão sistêmica e enxergam não só as tarefas e a equipe que lideram, mas conseguem ver e conciliar o interesse de parceiros, de outros setores e da empresa, de maneira geral.

Estão sempre em busca de novos conhecimentos, abertos ao aprendizado. Descobriram que, como disse Shakespeare, "há mais mistérios entre o céu e a terra do que conta nossa vã filosofia".

> Se o universo ainda está em expansão, por que ficarmos limitados à nossa forma de compreender as pessoas e o mundo?

Estes líderes são firmes e, ao mesmo tempo gentis, conseguem enxergar as pessoas de sua equipe e valorizá-las na medida certa, sem bajulação ou barganha. Sabem dizer "não" quando necessário; por enxergarem mais longe, também, conseguem planejar com muito mais assertividade.

Este nível de consciência produz muita segurança psicológica para a equipe e para a empresa, pois os funcionários se sentem seguros para expressar suas opiniões e ideias, o que possibilita uma atmosfera de inovação, melhoria contínua, transformação a adaptabilidade aos novos cenários e contextos.

NÍVEL DE CONSCIÊNCIA 4: AUTONOMIA

Este nível de consciência é o ápice da maturidade emocional. É quando o líder desenvolve, além de todas as capacidades do nível anterior, uma profunda e honesta habilidade de se autogerir, recalculando a rota de maneira constante, aferindo sua bússola moral e existencial com clareza e leveza. Este líder é orientado por um propósito maior que a própria empresa em que trabalha, e não apenas por uma visão corporativa. Ele consegue aliar os interesses pessoais e corporativos como um lindo mosaico.

Premissa 1 — Autocrítica

Líderes neste nível de consciência (da autonomia) estão sempre se perguntando se a maneira como pensam é a mais correta para o momento. Eles se tornam líderes autoquestionadores, conseguem usar a intuição e os sentimentos como *feedbacks* internos sem que se paralisem com sentimentos como rancor e culpa.

Estabeleceram uma bússola interna capaz de guiá-los em uma hierarquia de valores muito clara e sabem exatamente usar os valores internos como um mapa preciso para agirem em cada situação.

Eles têm clareza de suas prioridades existenciais e, por isso, transformam suas lideranças em uma causa muito maior que eles mesmos.

Premissa 2 — Flexibilidade

Quando erram, estes líderes sabem, antes de mais nada, se perdoar. Eles conseguem ouvir sem julgar e compreender antes de interpretar, e investem intencionalmente para se desenvolverem como pessoa, o que fez deles líderes melhores. São autônomos emocionalmente, elevaram a própria autoestima e deixaram de buscar aprovação nos outros — eles se autoaprovam, pois têm clareza dos valores essenciais de suas vidas.

Recebem elogios com a mesma alegria e importância de quando são corrigidos, pois o foco está no próprio crescimento. Enxergam os fracassos como *feedbacks* indesejados das escolhas que fizeram, assim não se vitimizam; aprenderam a educar suas energias para criarem a realidade que desejam viver, e encontraram caminhos possíveis para isso com flexibilidade cognitiva.

Premissa 3 — Astúcia

Estes líderes enxergam oportunidades nas dificuldades, conseguem influenciar em 360 graus, exatamente porque estão apenas fluindo ao ser quem descobriram que são.

Educaram-se a recomeçar sempre que necessário, porém cada vez mais preparados. São audaciosos, sonham grande sem se tornarem megalomaníacos, agem localmente para mudar as realidades que estão ao alcance de suas mãos.

Sem perceberem nem serem obstinados pela fama, acabam por inspirar pessoas e encorajá-las a construir uma jornada tão incrível quanto a deles sem que precisem copiá-los.

Sim, estes líderes existem, e eu já fui inspirado por alguns deles. São líderes que deixam um legado em nossos corações de que a vida vale a pena a todo momento, mesmo que o mundo esteja desabando ao nosso redor; para eles, com diz Lenine, "a vida é tão rara!".

NÃO CONTROLE SUAS EMOÇÕES

Emoções não são para serem controladas, nossas reações sim!

Por muito tempo e ainda hoje, de uma maneira muito explícita, pessoas dizem que precisam aprender a controlar suas emoções. Existe uma ideia em nossa cultura de que inteligência emocional é aprender a controlar as emoções. Errado!

Quero lhe contar uma informação interessante. Nos primórdios, se é que podemos chamar assim, a psicologia foi criada exatamente com a intenção de prever os comportamentos humanos para que, assim, conseguisse controlá-los. Esta era a lógica: prever para controlar.

E essa "neura" tem afetado incontáveis líderes ao redor do mundo. Sempre que se deparam com um sentimento indesejável, tentam reprimi-lo, aniquilá-lo. Percebo esse movimento em uma grande quantidade de pessoas que acreditam que, assim, serão "inteligentes emocionais".

Na verdade, quero falar sobre maturidade emocional, condição que só pode ser alcançada por meio de um processo de autoescuta das nossas emoções. Nossas emoções não são para serem controladas, e sim ouvidas. Nossas emoções são os melhores e mais assertivos *feedbacks* que ouviremos durante toda vida.

Não fomos educados para ouvir os outros, muito menos para nos ouvirmos. Somos, muitas vezes, pressionados, e até envergonhados, quando expomos o que estamos sentindo. Uma sensação de inadequação nos toma e nos faz reprimir muitos sentimentos. Passamos a negar o que estamos sentindo e nos tornamos desonestos conosco.

Sem percebermos, nossa dinâmica psíquica vai contornando nossa autorrepressão e encontrando outras maneiras de manifestar nossos sentimentos.

Quando nosso cérebro não consegue mais dar conta de elaborar de maneira saudável os sentimentos que represamos, o nosso corpo assume a vez e começa a manifestar os sintomas: a isso chamamos, na psicologia, de doenças psicossomáticas.

Sofremos calados, engolimos os choros da vida, aprendemos a mentir para nós mesmos e, assim, alimentamos nosso sofrimento. Ainda temos um longo caminho para humanizarmos nossos sentimentos.

Negar os nossos sentimentos ou ter vergonha deles e reprimi-los é o caminho para adoecermos.

Sobre Instintos e Sentimentos

Uma reflexão importante para entendermos o comportamento humano é diferenciarmos instinto de sentimento. Instinto tem relação direta com os comportamentos inconscientes involuntários.

Um instinto comum na espécie humana é o *instinto de sobrevivência*. Sem pensarmos muito, sempre agiremos na direção de garantirmos a nossa sobrevivência diante de alguma ameaça; por exemplo, quando algum objeto vem na nossa direção, imediatamente agimos para nos desviar e bloquear tal ameaça. Pode parecer simples, mas esse comportamento é replicado inúmeras vezes durante o nosso dia, às vezes mais consciente, às vezes menos.

> **Instinto é algo inato ao ser humano. Então, é impossível controlarmos aquilo que arbitrariamente faz parte da nossa carga genética.**

No livro *Na Presença do Sentido*, existe uma definição que nos ajuda a entender as diferenças que descrevo aqui.

Sentimento é diferente do instinto, pois tem relação com o conjunto de significados que atribuímos ao longo da nossa vida às experiências que vivemos. Assim, vamos construindo a nossa identidade e determinando o nosso comportamento, com base nas sensações que experimentamos durante o nosso desenvolvimento.

Por exemplo: quando enfrentamos uma situação vexatória diante de pessoas conhecidas, interpretamos como uma experiência ruim. Isso, somado a outros valores e elementos, faz com que nos esquivemos diante de outras situações parecidas como a que vivenciamos. Um conjunto de situações vexatórias, por sua vez, promove um sofrimento mais elaborado que pode evoluir para o adoecimento mental.

Quando experimentamos alegria diante de uma situação, por exemplo, uma promoção, estamos ensinando o nosso cérebro a buscar mais experiências como essa, pois atrelado a esse sentimento, existe um conjunto de elementos biopsicossociais que sustentam tal percepção.

Assim, já conseguimos entender que, quanto mais tentamos controlar os nossos sentimentos, mais nos distanciamos do principal elemento que pode promover o autoconhecimento em nós. A nossa busca na verdade é por conseguirmos entender por que sentimos o que sentimos diante das situações que vivemos e, assim, estruturar melhor as reações que produzimos diante dessas situações.

A Procura da Cura

É esse o vírus que eu sugiro que você contraia
Na procura pela cura da loucura
Quem tiver cabeça dura vai morrer na praia

—DJAVAN, "A CARTA"

Perceba que a nossa linguagem pode ampliar os significados das nossas vivências, e quando ampliamos os significados também ampliamos as possibilidades de nos entendermos como pessoas por trás de cargos de liderança. É interessante pensarmos que, quando falamos algo ou quando falamos sobre algo, temos a possibilidade de ressignificar as experiências que vivemos, sejam traumas ou sofrimentos.

A fala, nesse sentido, não somente serve para transmitir informações, mas também para produzir transformações no significado da nossa vida.

Estamos em uma constante procura por quem realmente somos, pelas razões e pelo propósito das nossas ações e atitudes. Assim, dentro de um emaranhado de significados, vamos construindo o nosso próprio sentido para vida.

Parece poético, mas também é prático!

Quando pensamos em cura das emoções, estamos necessariamente falando sobre a procura de sentidos para a vida. No ambiente de trabalho, onde passamos a maior parte da nossa vida, precisamos aprender a construir relacionamentos saudáveis que promovam sentimentos alinhados com os nossos valores e projetos de vida.

Cuidar das emoções é tão importante quanto pensar na nossa carreira profissional, tão importante quanto atingir as metas do mês, quanto cumprir os processos inerentes à nossa liderança. Um líder que descuida das emoções gradativamente está comprometendo a própria capacidade de persuasão e influência, assim como a sua sensação e percepção de realização diante da vida, dos amigos, da família etc.

O desafio, portanto, é procurar os sentidos por trás dos nossos sentimentos, a fim de nos conhecermos melhor nessa busca por quem realmente somos e queremos ser.

Milton Nascimento cantando "Eu caçador de mim" nos abre um caminho acolhedor sobre o desafio da "pró-cura" — o líder que está a favor do cuidado emocional já estruturou sua jornada de uma forma humanizada.

Nada a temer senão o correr da luta
Nada a fazer senão esquecer o medo, medo
Abrir o peito a força, numa procura
Fugir às armadilhas da mata escura
Longe se vai
Sonhando demais
Mas onde se chega assim
Vou descobrir o que me faz sentir
Eu, caçador de mim

Medicalização da Vida e das Angústias

Nunca antes vimos uma avalanche de psicodiagnósticos e automedicação tão evidentes quanto temos presenciado nos dias de hoje. Sem muito esforço, você pode perceber que as farmácias foram um dos negócios que se multiplicaram nos últimos dez anos.

==Estamos medicalizando a vida, e isso é tão doentio quanto a própria doença.==

Estamos em busca da pílula salvadora, que destrua qualquer nível de desconforto e sofrimento emocional. Desconsideramos que a angústia e o vazio existencial também são um excelente *feedback* para nosso autoconhecimento.

Sempre que tentamos eliminar o desprazer de maneira imediata, estamos nutrindo uma personalidade infantilizada, ou melhor, mimada, que concebe a vida como se fosse um fluxo de realizações e prazer.

Estamos também presenciando um processo que culpabiliza e responsabiliza exclusivamente o indivíduo pela própria saúde. No ambiente organizacional, isso acontece assim: a falta de clareza nos processos e nas atribuições dos cargos, a falta de recursos, os conflitos interpessoais, as falhas de comunicação, entre outras situações, são silenciados sempre que responsabilizamos as pessoas por se manterem saudáveis. A pressão por resultados nos negócios causa muito sofrimento quando os recursos, os processos, as relações e a identidade de quem executa as tarefas não estão robustos ou maduros o suficiente.

Basta percebermos como muitos erros de processo e falta de recursos acabam por afetar as relações em uma empresa e desembocam na culpabilização das pessoas, sejam elas líderes ou membros de uma equipe.

A saída para muitos que têm que manter seus empregos é a busca por uma solução rápida, a saber, a medicalização. É como se transformássemos as questões organizacionais em questões biológicas, inferindo ao ser humano "ter que dar conta" de tudo ao seu redor, correndo o risco de ser rotulado como fraco ou despreparado se fracassar.

Ao biologizar os problemas organizacionais, as empresas se isentam da responsabilidade promovendo o que podemos chamar de culpabilização das vítimas. É incrível como muitas empresas ignoram a necessidade de melhorar seu planejamento estratégico, seus produtos, serviços e processos, e acabam exigindo um nível de compromisso do indivíduo desproporcional ao que elas mesmas estão dispostos a executar.

> A saúde é muito mais do que ausência de sintomas. É a permanência de vida qualificada.

Quando uma empresa busca cuidar e otimizar os seus recursos e processos na direção de uma gestão humanizada, com certeza encontrou a fórmula para a potencialização dos seus resultados.

Quem Ama Não Adoece

Esse é o título de um livro que li alguns anos atrás e que desejo acrescentar na argumentação para nossa discussão sobre não controlarmos nossas emoções, e sim nossas reações.

O livro foi escrito pelo Dr. Marco Aurélio Dias da Silva e se tornou *best-seller* exatamente por trazer para discussão a influência das emoções no processo de cura e adoecimento dos pacientes.

O corpo padece quando a alma sofre.

Nossos sentimentos sempre vão apontar para o caminho/fluxo da nossa energia psíquica, e, como líderes, entender que nossos sentimentos determinarão o nosso nível de desempenho é fundamental para o nosso desenvolvimento.

> Quando cultivamos maturidade emocional, colhemos frutos que estão além do exercício da nossa liderança no ambiente organizacional.

É na relação humana que nos constituímos como seres humanos; no contato com outro mantemos a nossa saúde mental e, assim, conseguirmos escutar o que dizem a nossa intuição e o nosso coração sobre o que sentimos, possibilitando uma vida mais leve e congruente com o nosso propósito.

Não perdemos o controle das nossas emoções porque, na verdade, elas nunca foram controláveis. Nossas emoções são indomáveis. O que perdemos é o controle das nossas reações, e é isso que nos causa uma imensa culpa.

Existem dois filmes importantes que nos ajudam a compreender esses conceitos. O primeiro é animação da Disney chamada *Divertidamente* (provavelmente você já deve ter assistido ou no mínimo saber do que se trata). Nessa animação tão bem estruturada, percebemos a importância de experimentarmos cada uma das emoções, inclusive as indesejadas. São as nossas emoções que nos humanizam e proporcionam relações mais saudáveis.

É interessante como existe um ciclo de retroalimentação entre a consciência das nossas emoções e as relações saudáveis que estabelecemos ao longo da vida. Um filme que retrata bem essa necessidade de interdependência é o clássico *Náufrago*.

Uma das cenas mais reproduzidas desse filme é quando o ator Tom Hanks encontra-se ilhado após um naufrágio e desenha o rosto de uma pessoa em uma bola, para que pudesse interagir, mesmo que em sua imaginação, com outro ser humano. Essa necessidade de conviver revela como as relações são responsáveis por grande parte da nossa saúde emocional.

Você já deve ter percebido que, para um líder humanizado e de alto desempenho, saber reconhecer as próprias emoções e usá-las para crescer, ao invés de simplesmente reprimi-las, é fundamental para a maturidade emocional.

> Se um dia você se encontrar adoecido emocionalmente ou caso deseje auxiliar e apoiar outras pessoas nessa situação, precisa aprender a ouvir o que as suas emoções estão dizendo sobre as suas escolhas de vida.

O meu convite para você, líder, é que gradativamente separe tempo para ouvir o seu coração e as suas emoções. Pergunte-se:

1. O que eu estou sentindo tem nome?
2. O que me fez sentir o que eu estou sentindo?
3. O que este sentimento revela sobre mim e sobre os meus valores?
4. Como este sentimento afeta o meu estilo de liderança?
5. Como posso usar este sentimento para crescer, aprender e avançar, me tornando um líder humanizado de alto desempenho?
6. Estou realmente aberto a me relacionar de maneira autêntica e saudável?
7. Qual a minha responsabilidade nas situações que tenho vivido? O que tem feito eu me sentir em sofrimento?
8. Como eu posso me respeitar mais, me amar mais e, assim, ter reações mais assertivas nas minhas relações?
9. O que posso fazer para parar de descontar nas pessoas as frustrações que estou experimentando dentro de mim?
10. Como posso respeitar as escolhas dos outros ainda que não concorde?

Tenho certeza de que separar um tempo para você e para suas emoções, respondendo essas perguntas, o fará um líder muito mais preparado e autoconsciente, para uma gestão humanizada e uma vida mais leve.

CAPÍTULO 5

LIDERANÇA SINGULAR

O que somos hoje também é resultado de com quem convivemos durante a vida. É impossível vivermos sem sermos influenciados, assim como sempre estamos modelando outros ao nosso redor.

Reconhecer nossa dependência uns dos outros é o primeiro passo para vivermos relacionamentos mais saudáveis e autênticos.

Se a natureza da liderança são pessoas, já passou da hora de falarmos sobre singularidade.

E da singularidade do líder.

Priorizarmos o autoconhecimento e o autocuidado em nossa agenda tão cheia da presença do outro e vazia de nós mesmos ainda é um grande desafio. Feliz é quem descobriu que a maior viagem que pode realizar é para dentro de si mesmo!

Quando falamos em singularidade, estamos necessariamente falando de autenticidade. Acontece que ser autêntico em um mundo que ainda resiste a pessoas diferentes pode ser um fator de risco emocional.

No mundo dos iguais quem é diferente sofre.

Vivemos uma pressão contraditória. Se por um lado queremos ser nós mesmos, únicos, autênticos e livres, do outro lado somos pressionados a viver dentro de um pacote existencial aceitável e imposto socialmente. Sempre que escolhemos fora desse pacote, somos julgados e até retaliados de alguma forma.

Ser diferente é um desafio. E aqui não estou falando apenas de diferenças estéticas; a questão é outra. Pensar diferente custa caro! A autenticidade cobra um preço muito alto; precisamos estar dispostos a pagá-lo se quisermos viver experimentando a liberdade de ser quem realmente somos.

Vejo inúmeras empresas com o discurso motivacional para que os funcionários pensem fora da caixa, mas, no fundo, elas querem que eles pensem fora da caixa deles, mas dentro de caixas organizacionais aceitáveis. O estímulo das empresas é para que os funcionários sejam criativos e mantenham a roda da inovação girando, e não que eles pensem tão fora da caixa que comecem a questionar a visão da própria organização.

Todas as pessoas que pensam diferente, ou que não concordam com determinadas estratégias ou filosofias, são rotuladas como rebeldes.

Uma liderança singular implica em uma certa dose de rebeldia, e isso na verdade é a pura intuição do líder em ação; o seu coração é a bússola mais confiável para uma liderança humanizada.

Quanto mais você confiar e liderar a partir do seu coração, mais descobrirá sua maior e mais bela expressão de vida, porque o coração o leva além do que a mente pensa ser possível.

Seu coração é o centro de navegação da sua alma, e sua especialidade é a conexão e expansão dos seus maiores objetivos e propósito. Honre para onde ele quer ir, pois é a parte de você mais qualificada para liderar o caminho. A mente pensa, o coração sabe.

A seguir, uma breve reflexão sobre singularidade, direto da floresta.

BOM DIA, TODAS AS CORES — RUTH ROCHA

Meu amigo Camaleão acordou de bom humor:

— Bom dia, Sol, bom dia Flores, bom dia, todas as cores! Lavou o rosto em uma folha de orvalho, mudou sua cor para cor-de-rosa que era a que ele achava mais bonita e saiu para o Sol contente da vida.

Meu amigo Camaleão estava feliz porque havia chegado a primavera, e o Sol, finalmente, depois de um inverno longo e frio, brilhava alegre no céu.

— Eu hoje estou de bem com a vida — ele disse.

— Quero ser bonzinho para todo mundo!

Logo que saiu encontrou o senhor Pernilongo. O senhor Pernilongo toca violino na orquestra do Teatro Florestal.

— Bom dia, professor! Como vai o senhor?

— Bom dia, Camaleão! Mas o que é isso, irmão? Por que mudou de cor? Essa cor não lhe cai bem. Olhe para o azul do céu. Por que não fica azul também?

O Camaleão, amável como era, resolveu ficar azul como o céu da primavera.

Até que numa clareira o Camaleão encontrou o Sabiá-de-laranjeira.

— Meu amigo Camaleão, bom dia para você.

Mas que cor é esta? Está azul por quê?

E o Sabiá lhe explicou que a cor mais linda do mundo era a cor alaranjada, cor de laranja, dourada. Nosso amigo bem depressa resolveu mudar de cor.

Ficou logo alaranjado, louro, laranja, dourado.

E cantando alegremente lá se foi, ainda contente.

Na pracinha da floresta, saindo da capelinha, vinha o senhor Louva-a-Deus, mais a família inteirinha.

Ele é um senhor muito sério, que não gosta de gracinha.

— Bom dia, Camaleão. Mas que cor mais escandalosa, parece até fantasia pra baile de carnaval. Você deveria usar uma cor mais natural... Veja o verde da folhagem, veja o verde da campina, você deveria fazer o que a natureza ensina.

É claro que o nosso amigo resolveu mudar de cor, ficou logo bem verdinho e foi pelo seu caminho.

Vocês agora já sabem como era o Camaleão, bastava que alguém falasse, mudava de opinião. Ficava roxo, amarelo, ficava cor de pavão.

Ficava de todas as cores. Não sabia dizer não.

Por isso naquele dia cada vez que encontrava algum de seus amigos e que o amigo estranhava a cor que ele estava, adivinha o que é que fazia o nosso amigo Camaleão?

Pois ele logo mudava, mudava pra outro tom.

Mudou de rosa pra azul.

De azul pra alaranjado. De laranja para verde.

De verde pra encarnado. Mudou-se de preto pra branco. De branco virou roxinho.

De roxo pra amarelo e até pra cor de vinho.

Quando o Sol começou a se pôr no horizonte, Camaleão resolveu voltar para casa.

Estava cansado do longo passeio e mais cansado ainda de tanto mudar de cor. Entrou na sua casinha. Deitou para descansar. E lá ficou a pensar:

— Por mais que a gente se esforce, não pode agradar a todos. Alguns gostam de farofa, outros preferem farelo... Uns querem comer maçã. Outros preferem marmelo... Tem quem goste de sapato. Tem quem goste de chinelo... E se não fossem os gostos, que seria do amarelo?

Por isso, no outro dia, Camaleão levantou-se bem cedinho.

— Bom dia, Sol, bom dia, flores, bom dia, todas as cores!

Lavou o rosto numa folha cheia de orvalho, mudou sua cor para cor-de-rosa, que ele achava a mais bonita de todas, e saiu para o sol, contente da vida.

Logo que saiu, Camaleão encontrou o Sapo Cururu, que é cantor de sucesso na Rádio Jovem Floresta.

— Bom dia, meu caro Sapo! Que dia mais lindo, não?

— Muito bom dia, amigo Camaleão! Mas que cor mais engraçada, antiga, tão desbotada... Por que é que você não usa uma cor mais avançada?

O Camaleão sorriu e disse para o seu amigo:

— Eu uso as cores que eu gosto, e com isso faço bem. Eu gosto dos bons conselhos, mas faço o que me convém. Quem não agrada a si mesmo não pode agradar a ninguém...

Esse texto da Ruth Rocha escancara um princípio simples que constantemente esquecemos.

Se não cuidarmos de nós, jamais conseguiremos cuidar dos outros.

Se não valorizarmos nossa singularidade, dificilmente teremos êxito em liderar de maneira saudável.

Cuidar de nós primeiro não é egoísmo, é como quando estamos em um avião e o comandante nos diz que, em caso de despressurização da cabine, máscaras de oxigênio cairão na nossa frente, e devemos colocá-las primeiro em nós e depois ajudar os outros.

Respeitar a sua singularidade como líder é, antes de mais nada, cultivar o amor-próprio e a saúde mental, cuidando das suas emoções.

É interessante perceber como muitas vezes imitamos outros líderes em vez de aprendermos com eles. Imitar não significa ser, e a busca da nossa singularidade é inevitavelmente a busca por quem somos, em toda nossa complexidade.

Nada em nós é realmente simples. Reconhecer que um mergulho para dentro de nós mesmos é a única forma de nos conectarmos à nossa autenticidade nos torna pessoas valiosas e destemidas frente ao julgamento dos outros.

Existe um poema de Carlos Drummond de Andrade que também nos ajuda a refletirmos sobre essa jornada da singularidade.

O HOMEM AS VIAGENS

O homem, bicho da terra tão pequeno
Chateia-se na terra
Lugar de muita miséria e pouca diversão,
Faz um foguete, uma cápsula, um módulo
Toca para a lua
Desce cauteloso na lua
Pisa na lua
Planta bandeirola na lua
Experimenta a lua
Coloniza a lua

Civiliza a lua
Humaniza a lua.
Lua humanizada: tão igual à terra.
O homem chateia-se na lua.
Vamos para marte — ordena a suas máquinas.
Elas obedecem, o homem desce em marte
Pisa em marte
Experimenta
Coloniza
Civiliza
Humaniza marte com engenho e arte.
Marte humanizado, que lugar quadrado.
Vamos a outra parte?
Claro — diz o engenho
Sofisticado e dócil.
Vamos a Vênus.
O homem põe o pé em Vênus,
Vê o visto — é isto?
Idem
Idem
Idem.
O homem funde a cuca se não for a Júpiter
Proclamar justiça junto com injustiça
Repetir a fossa
Repetir o inquieto
Repetitório.
Outros planetas restam para outras colônias.
O espaço todo vira terra-a-terra.
O homem chega ao sol ou dá uma volta
Só para te ver?
Não-vê que ele inventa
Roupa insiderável de viver no sol.

Põe o pé e:
Mas que chato é o sol, falso touro
Espanhol domado.
Restam outros sistemas fora
Do solar a colonizar.
Ao acabarem todos
Só resta ao homem
(estará equipado?)
A dificílima dangerosíssima viagem
De si a si mesmo:
Pôr o pé no chão
Do seu coração
Experimentar
Colonizar
Civilizar
Humanizar
O homem
Descobrindo em suas próprias inexploradas entranhas
A perene, insuspeitada alegria
De con-viver.

Quantas vezes desejamos conquistar o mundo inteiro, e não conquistamos a nós mesmos? Desejamos o que está fora, mas resistimos ao contato com o que está em nós. Agirmos em direção da busca por quem somos pode ser surpreendente!

O que determina a sua singularidade não é o seu conhecimento, e sim a sua atitude! Veja que ter estudado ética não garante que você se torne uma pessoa ética; tem gente que ensina ética, mas não vive de acordo com o que ensina. Saber sobre um assunto não garante que você vai agir naquela direção; ter um diploma de ensino superior não diz muita coisa sobre você; suas escolhas ao longo da vida, sim!

Nada nos empurra mais para a autenticidade do que a possibilidade da morte. Nada como o risco eminente da morte para fazer desabrochar o grande dilema existencial que ecoa escancarado em nossos corações. Quem eu sou e como quero ser lembrado?

Você se torna as escolhas que faz!

Você não encontrará sua singularidade nos bens de consumo, no dinheiro, nas coisas que consegue ter; isso é capacidade de consumo, e não garante felicidade a ninguém.

A história de que dinheiro não traz felicidade, mas manda buscar, é uma ilusão, falácia cultural. Sim, muito dinheiro é bom, sim, mas também pode causar mais problemas do que você já tem.

Tenha uma vida plena independentemente do que você possui, e o dinheiro nunca possuirá você!

Diante de tantas pessoas fazendo mais do mesmo, ouse ser você, sem mais nem menos. O mundo, as equipes de trabalho, as equipes de líderes precisam de pessoas autênticas e singulares, gente que descobriu que a melhor forma de viver e exercer liderança é, antes de mais nada, sendo você mesmo.

Se a sua opinião difere dos demais, seja você!

Se as suas roupas diferem dos demais, seja você!

Não se engane, profissional e pessoal habitam o mesmo corpo, e talvez aquilo que você enxerga como um problema seja o seu maior diferencial competitivo, a saber, sua autenticidade. Não se envergonhe de quem você é em sua totalidade.

A sua singularidade é o seu maior diferencial; no ambiente corporativo, não a negocie. Ela com certeza vai inspirar pessoas para serem tudo o que elas podem ser.

LIDERANDO PESSOAS SINGULARES

Por que, depois de falarmos sobre a singularidade do líder, vamos falar sobre a singularidade do outro?

Não é óbvio que, se eu sou singular, o outro também é?

Sim, é óbvio, entretanto não é tão simples assim! Sabe por quê?

Temos uma enorme tendência a nos tornarmos aquilo que mais combatemos! Explico: em nosso desenvolvimento humano, passamos por vários processos que nos ajudam a expandir nossa mente e consciência. Quanto mais nos identificamos com algumas dessas expansões, mais forjamos nossa identidade como pessoa e como líderes. São exatamente essas expansões de consciência que se tornam a base para descobrirmos uma causa e uma missão para nossa vida.

Um exemplo prático: imagine que um líder participa de um treinamento sobre resiliência e tem contato com conceitos, exercícios e atividades vivenciais que expandem a maneira de ele encarar a vida e sua liderança a partir dessa experiência. Esse líder começa a agir e militar por uma vida com muito mais resiliência; ela se torna a bandeira dele, que ativamente agora busca influenciar as pessoas que conhece a superarem traumas, fracassos e a viverem uma vida mais plena.

Até aí, está tudo bem! Mas, como eu disse, *existe uma tendência a nos tornarmos aquilo que mais combatemos*. A ânsia por promover nas pessoas o senso de resiliência pode torná-lo uma pessoa cada dia mais exigente consigo mesmo e com os outros, transformando-o em alguém cada vez menos tolerante aos medos, traumas e fracassos, seus e dos outros.

Assim, sem perceber, uma mutação perigosa acontece: ele se torna tão exigente para superar as crises e os problemas da vida que, agora, ele mesmo se tornou um problema. Ao invés de ser um líder que considera as dificuldades das pessoas com acolhimento e humanidade, se tornou tão chato e cheio de verdades absolutas, que passa a repelir as pessoas que estão com dificuldades, muitas vezes até oprimindo-as com seus "conhecimentos".

Perceba como não é incomum encontrarmos pessoas que se tornaram o que mais combatiam — e nem estou falando daqueles líderes que fazem discursos lindos sobre humanização, mas que, na prática, são opressores. Estou falando de gente que está aberta ao desenvolvimento, entretanto, durante o processo, não percebe que se tornou o que mais combatia, e passa a ser parte do problema, ao invés da solução.

Quero apresentar um exemplo clássico aqui. Conheço pessoas que estão, neste momento, sustentando a bandeira da diversidade, entretanto têm uma grande dificuldade de aceitar as pessoas com o pensamento tradicionalista. Tornam-se militantes que desejam legitimar sua maneira de enxergar o mundo desvalorizando as outras maneiras; ao invés de se manterem abertas para um movimento de integração, lutam contra a anulação do seu modo de pensar tentando anular a forma dos outros pensarem.

Se transformaram no que mais combatiam, a saber, pessoas preconceituosas. Parece estranho, mas existe muito preconceito em quem luta contra o preconceito, assim como existe muita desumanidade em quem luta pela humanização.

A forma como levamos uma mensagem é tão importante quanto a mensagem!

Não basta levantar a bandeira de uma liderança singular ou do respeito às singularidades, se você não consegue lidar com respeito à singularidade dos outros. Legislar em causa própria é um erro que muitos líderes cometem durante a jornada de liderança.

Exigir respeito com relação à diversidade é, antes de qualquer coisa, respeitar qualquer pessoa que seja diferente de você, seja na forma de se vestir, falar, pensar e de ser.

Um dos problemas dos líderes relacionados à saúde mental é que não conseguem controlar os seus julgamentos sobre os outros, e, para manterem uma postura de líderes humanizados, destilam seus julgamentos, produzindo uma nuvem de fofoca, piadas, dentre outras formas de ofensa e propagação do preconceito.

Assim, há um desafio que a liderança atual está enfrentando quanto aos dilemas de diversidade e inclusão: o enfrentamento dos próprios preconceitos.

Vejo muita gente falar sobre condenar os preconceitos e realmente corroboro dessas posições. Acontece que nem sempre foi assim. Por muito tempo me deparei sendo um líder com preconceitos que nem mesmo sabia que tinha. Enviesado na minha forma de pensar, tive que aprender gradativamente a desconstruir esses preconceitos, nutrindo uma humildade e usando os meus conhecimentos para expandir a minha consciência sobre esses assuntos.

A imposição de formas de pensar é como um abuso da consciência.

No contexto da liderança, é importante salientar que, quando falamos de *ambiente corporativo*, estamos necessariamente falando do conceito de corpo. Se tomarmos por referência a essência do que é um corpo, podemos definir que: *corpo é um conjunto de elementos com características e funções diferentes, interdependentes, que coexistem e coabitam interagindo entre si para um propósito muito maior do que apenas a subsistência das partes.*

No contexto organizacional, temos pelo menos quatro elementos primários e uma infinidade de elementos secundários interagindo para alcançar os objetivos da empresa.

Entre os elementos primários, estão: recursos, processos, relação e identidade. Um líder está constantemente, no corpo, interagindo com esses quatro elementos.

- **RECURSOS = "Com o que vamos trabalhar".** São todos os elementos que têm como finalidade serem modificados e utilizados em processos para atingir objetivos específicos.
- **PROCESSOS = "Como, quando e onde faremos".** São todos os elementos que direcionam a ação, como modificamos os recursos, quais os passos que devemos dar, quando e onde.
- **RELAÇÃO = "Quem fará".** São as pessoas, que executam os processos, interagindo não apenas com os recursos e com os processos, mas também com dezenas ou centenas de outras pessoas que também estão executando seus processos. É o fator interpessoal!
- **IDENTIDADE = "O quanto este QUEM se realiza ao fazer o que faz".** É o fator intrapessoal. Está intimamente ligado ao conjunto de competências clássico (CHA — Conhecimentos, Habilidades e Atitudes), mas também ao projeto de carreira e propósito de vida de cada pessoa deste corpo ativo/corporativo.

Da minha experiência na prática clínica e organizacional, como líder e como psicólogo, posso afirmar que 100% da nossa saúde mental e emocional está ligada a um desses fatores.

Quando, como líderes, entendemos que dentro de uma empresa esses quatro elementos são os responsáveis pelo grau de maturidade e pela saúde emocional dos colaboradores e das equipes, passamos a diagnosticar o clima organizacional de maneira muito mais precisa.

Apresento esses elementos para que você compreenda que a natureza dos problemas que enfrentamos nunca está relacionada apenas a um elemento. Afinal, todos os quatro elementos são fundamentais para a saúde e segurança psicológica das pessoas.

Faça um rápido inventário em sua memória e, com certeza, constatará que alguns problemas emocionais que membros da sua equipe, ou até você mesmo, enfrentam não estão relacionados apenas às questões pessoais, mas talvez começaram com uma falta de clareza nos processos que executam ou em conflitos de interesses nas relações entre áreas/cargos, que potencializaram ou dispararam, por exemplo, uma crise ansiosa ou um episódio depressivo.

Ainda sobre o corpo como um todo, já podemos seguramente inferir que não existe mais lugar para o discurso do tipo: "Faça o que eu digo e não o que eu faço". O corpo da empresa está cobrando cada vez mais caro de líderes com esse tipo de atitude. Todo discurso descolado da prática é promotor de angústias, por isso podemos afirmar:

==No trabalho, todo sofrimento pessoal é antes de mais nada, uma angústia corporativa.==

A empresa são as pessoas, e as pessoas são singulares! Não existe sofrimento humano no trabalho que não seja resultado da interação e da imaturidade dos elementos supracitados.

Quando não encontramos um ambiente suficientemente acolhedor, que integre os recursos, os processos, as relações e a identidade das pessoas, de alguma forma, desvelaremos, através do nosso corpo, o nosso sofrimento.

Digo isso porque existe uma pressão adaptativa imposta no ambiente corporativo que exige dos colaboradores uma certa medida de negação de quem são, para viverem na grande "família organizacional". Não, a empresa não é uma grande família, a empresa não é sua família, e, por mais que você consiga fazer amizades tão relevantes que se tornem mais chegadas do que irmãos, não é na empresa que você desfrutará dessa relação. O vínculo que nos une em uma empresa é completamente diferente do vínculo que nos une para um churrasco em casa.

A empresa não é a sua família nem uma grande mãe disposta a se doar pelas suas necessidades. Não existe um contrato que rege a relação de pais e filhos, diferentemente da relação entre funcionário e empresa. Existe um discurso infantilizado que algumas empresas ainda utilizam, mas que ecoa cada vez menos na tentativa de engajar os colaboradores.

Uma empresa será percebida humanizada a partir da atitude dos seus líderes, inevitavelmente. Este é o principal indicador de saúde e segurança psicológica, a relação que desenvolvemos com a nossa liderança imediata.

Pessoas singulares interagem com outras pessoas singulares, líderes singulares interagem com outros líderes singulares, e assim se cria um mosaico de singularidades que potencializam a convivência e a inovação no ambiente organizacional.

Como líderes, só estamos de fato respeitando a nossa autenticidade quando respeitamos o outro, e isso é muito mais do que simplesmente aceitar — é, de fato, enxergar as diferenças do outro de maneira positiva, valorizando-as verdadeiramente, encontrando os encaixes necessários para que o outro se sinta seguro para ser ele mesmo, respaldado pela liderança.

Não é saudável fingirmos que está tudo bem, se esquivar dos conflitos por causa de ideias divergentes ou de gostos, escolhas ou estéticas dissonantes. O líder promove a própria saúde emocional quando garante o direito do outro de ser ele mesmo.

Não existe comunhão entre personagens. Se você está encenando ser um líder humanizado, está profundamente equivocado sobre o seu papel. Personagens de filmes, novelas e séries encenam uma relação com o objetivo de entreter a audiência. Na liderança toda encenação é rapidamente desmascarada e produz adoecimento e sofrimento, em maior ou menor grau, tanto para o líder quanto para a equipe.

Pense que é mais fácil sustentar quem realmente você é ao longo do tempo do que encenar ser quem você não é apenas para evitar conflitos. Como líderes, a atitude mais saudável é estarmos abertos e receptivos ao que é diferente de nós, valorizando as diferenças e encontrando pontos de conexão que nos apoiem a construir uma relação verdadeira e em comunhão (comum união) com a nossa equipe.

É na ativa promoção da diversidade por parte de um líder que ele expande a sua consciência e nutre a autoaceitação e a coragem para seguir sendo ele mesmo! Não conheço nenhuma estratégia mais eficaz e mais poderosa do que esta: garantir ao outro o direito de ser ele mesmo, nutrindo a sua autenticidade.

Se não admiramos as escolhas do outro, pelo menos deveríamos admirar a *coragem de escolher* que eles alcançaram.

Uma tentação em que muitos líderes caem é a de projetar as próprias escolhas, gostos e desejos na equipe, tornando-a seguidores devotos, na tentativa inconsciente ou não de produzir "clones" de si mesmos. Isso faz com que a parcialidade e o favoritismo comprometam a saúde emocional das equipes que ele lidera, visto que passa a favorecer aqueles que se tornam mais homogêneos com ele. Acredite que, como humanos, temos uma enorme tendência a caminhar ao lado das pessoas com quem nos identificamos; os homogêneos se atraem, e, com eles, a resistência ao que é diferente.

Quando deixamos de projetar nossas escolhas e desejos nos outros (inclusive em nossos filhos), favorecemos uma jornada de autodescoberta que certamente culminará em seres humanos mais congruentes e saudáveis emocionalmente. Diante das pessoas que você lidera, nunca menospreze nenhum ato, gesto ou palavra que flua autenticamente delas. Você estará diante de oportunidades únicas para conhecer o outro e se conectar de maneira genuína com ele.

Para liderar pessoas singulares, é necessário exercitar a escuta especializada, a fim de promover em você uma atitude de acolhimento tão poderosa que pode, no ato de ouvir, transformar e curar o outro.

Ouça sem medo, mesmo que não esteja concordando com muitas coisas. Espere o momento certo para que o outro conclua as palavras, e assim você poderá falar com intenção. Pessoas singulares precisam ser ouvidas e contempladas emocionalmente no ato da escuta especializada.

Não é uma questão de liderança apenas, é uma questão de humanidade. Quanto mais você estiver aberto a acolher o outro e suas diferenças, mais influente e relevante você se torna como líder.

CAPÍTULO 6

PERSONALIDADE E LIDERANÇA

Entender o básico da estrutura da personalidade humana é fundamental para compreendermos as atitudes no ambiente organizacional e, assim, nos tornarmos líderes mais saudáveis em nosso cotidiano.

A primeira coisa que é preciso saber tem relação com a psicologia, ou melhor, com as psicologias. Pois bem, é importante sabermos que existem diversas teorias dentro da psicologia que contemplam o ser humano em sua complexidade. Essa multiplicidade de saberes nessa área do conhecimento traz muita fertilidade de possibilidades de compreensão do ser humano.

Temos a psicologia embasada nas teorias comportamentais, as teorias humanistas, as psicologias embasadas nas psicanálises, entre outras psicologias emergentes nos dias de hoje, por exemplo, a psicologia positiva. Da mesma forma, existem várias teorias da personalidade humana, cada uma com seus embasamentos teóricos e suas referências nas respectivas escolas de pensamento do comportamento humano.

O que faremos neste capítulo é lançar uma luz intensa nos pressupostos básicos que são muito comuns à maioria das teorias e que estão consolidados na busca pela compreensão da construção da personalidade humana. Para isso, é indispensável entendermos que a condição humana tem sua natureza nos elementos biológicos, psicológicos e sociais.

Costumamos dizer que o ser humano é um ser biopsicossocial. Isso significa que o que somos e o que nos tornamos é determinado pela interação entre esses fatores.

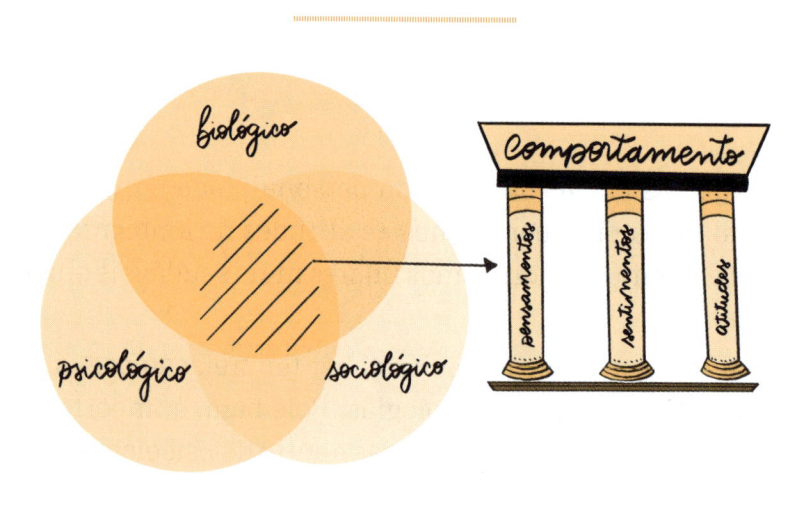

Alguns teóricos da religião costumam acrescentar um quarto elemento, a *espiritualidade*. Como psicólogo, entendo que toda experiência de espiritualidade e religiosidade é construída e apreendida na nossa estrutura psicológica; por exemplo, a fé está estruturada na função psicológica superior, chamada imaginação, sem a qual não conseguiríamos projetar mentalmente outras realidades possíveis e, assim, conceber milagres. Não entraremos nesse elemento, visto que ele será contemplado no pressuposto supracitado, e, por causa da grande diversidade de compressões sobre a espiritualidade, necessitaríamos de outro livro para tratar o assunto com a importância que ele merece.

O BIOLÓGICO DO LÍDER

Uma parte da nossa personalidade e do nosso comportamento está ligada à nossa herança genética e à nossa condição fisiológica, neurológica e hormonal. O temperamento é uma estrutura da nossa personalidade e, consequentemente, do nosso comportamento, que está ligada em grande parte à herança genética; é a matéria-prima para a personalidade[2].

Outras influências ligadas ao nosso corpo estão diretamente relacionadas com o nosso comportamento. Por exemplo, sintomas como perda de peso e de apetite, hipersonia, diminuição da libido, tristeza, falta de energia e retardo psicomotor são sintomas muito presentes no psicodiagnóstico da depressão, entretanto podem ser provenientes de uma condição fisiológica de uma pessoa diabética. A semelhança entre os sintomas somáticos da depressão e os sintomas da condição médica em questão, no caso, o diabetes, é apenas um exemplo de tantos outros que necessitam do que chamamos de *diagnóstico diferencial*.

A condição hormonal entre homens e mulheres pode afetar diretamente o comportamento humano; os hormônios têm impacto em quase tudo que o nosso corpo faz. Eles afetam diretamente a autorregulação do nosso corpo, o ritmo das nossas ações, dos nossos comportamentos e da nossa vida, regulando as funções do nosso corpo. São os hormônios que respondem pelo estado de prontidão e alerta e comunicam sensações ao nosso cérebro, bem como os sentimentos, como raiva, medo, saciedade, felicidade, controlando também nosso crescimento corporal e as interfaces

---

2 HALL, Calvin S.; LINDZEY, Gardner; CAMPBELL, John B. *Teorias da personalidade*. 4. ed. Porto Alegre: Artmed, 2000.

com ele, desde o sistema reprodutor até os efeitos relacionados ao estresse, relaxamento, humor, peso (emagrecer/engordar), alterações no apetite e no sono. Uma parte do nosso comportamento está diretamente ligada aos hormônios, inclusive os comportamentos não desejados.

Para ter uma ideia melhor, abaixo seguem alguns exemplos mais específicos de como os hormônios afetam o nosso comportamento, dados pelo Instituto Conectomus, especialista em neurociência[3].

- **ADRENALINA E NORADRENALINA — Hormônios da ação:** Muitas vezes, temos nosso comportamento completamente dominado pela adrenalina e pela noradrenalina em situações de tensão ou medo: a voz que não sai, tremores nas mãos ou no corpo, falta de capacidade de raciocinar ou de dizer o que queria dizer, atitudes impulsivas. O excesso de adrenalina também dificulta a tomada de decisões.

- **TESTOSTERONA — O hormônio do sexo:** O excesso de testosterona pode levar a reações mais agressivas ou violentas do que se desejava. Pode gerar também um exagero de autoconfiança e otimismo e dificuldades para ver as coisas como são na realidade. Pesquisadores da Universidade de Cambridge, como o neurocientista John Coates, comprovaram que a testosterona interfere no risco que os operadores financeiros estão dispostos a correr. Ganhos em série aumentam a quantidade de testosterona do corpo, levando a aumento da autoconfiança e lucros maiores em um primeiro momento, mas, com o tempo, levam a uma euforia que é prejudicial na avaliação de riscos.

- **CORTISOL — O hormônio do despertar:** Altos níveis de cortisol podem gerar sensação de impotência, baixa autoestima, irritação, sensação de "dar branco", falta de senso de humor,

---

[3] Fonte: Instituto Conectomus. Disponível em: https://www.institutoconectomus.com.br/hormonios-influenciam-no-comportamento/.

cansaço sem ter realizado esforço, ataques de gula ou falta de apetite. O cortisol foi muito importante para a nossa sobrevivência ao longo da evolução humana, porque nos mantém em alerta para os perigos. No entanto, a vida atual gera um excesso de cortisol que pode causar transtornos como estresse, ansiedade, depressão.

- **GRELINA — O hormônio da fome:** Conhecida como "hormônio da fome", é produzida nas células do estômago e pâncreas. Quando o estômago está vazio, ela atua no hipotálamo avisando o cérebro: "É hora de comer!" A grelina gera a sensação de fome e incentiva a ação para que você acabe com ela. Quando se come, aí é a vez da leptina, que dá a sensação de saciedade e faz o controle da ingestão.

- **TIREOIDIANOS T3 e T4 — O hormônio do metabolismo:** Quando em excesso (hipertireoidismo), provocam irritação, nervosismo, ansiedade, rapidez de movimentos, hiperatividade. Quando em baixa (hipotireoidismo), provocam lentidão de movimentos e de raciocínio, depressão e dificuldades com a memória.

- **OCITOCINA — O hormônio do amor:** Sob a ação da ocitocina, nos tornamos mais calmos, afetuosos e empáticos, tendemos a confiar mais nas pessoas e nos mostramos mais dispostos a ajudá-las. Estudo de Paul J. Zak, publicado pela Public Library of Science, apontou que participantes de um experimento que inalaram ocitocina e participaram de uma atividade envolvendo dividir dinheiro com um estranho foram 80% mais generosos do que os que não inalaram.

Imagine agora como o comportamento e a saúde de um líder podem ser afetados somente levando em consideração a desregulação desses componentes biológicos da personalidade e do comportamento humano!

Mas, acredite, este é só o começo de uma profunda compreensão sobre a sua personalidade e os determinantes do seu comportamento, o que certamente vai influenciar a sua ação de liderar de forma humanizada.

O PSICOLÓGICO DO LÍDER

A psique, ou o que podemos chamar de dinâmica psíquica, de um modo geral, é a forma como interpretamos o mundo, as pessoas, as experiências, nosso passado, presente e expectativas do futuro, construindo em nós sentido e significado para a nossa existência.

É a nossa dinâmica psíquica que tem como objetivo maior articular todas as informações que captamos, tanto as externas (relacionamentos interpessoais, sons, estímulos visuais etc.), quanto as internas (medo, alegria, angústia, pensamentos e sensações), traduzindo-as em nossa compreensão e interpretação de nós mesmos e do mundo.

Assim, o elemento psicológico do líder não se restringe à inteligência emocional, é muito mais amplo e profundo.

Funções psicológicas e liderança

As **funções psicológicas superiores (FPS)**, como memória, consciência, percepção, atenção, fala, pensamento, vontade, formação de conceitos e emoção, se intercambiam nesta rede de nexos ou relações e formam, assim, um sistema psicológico, em que as funções se relacionam entre si. Esse processo não se esgota, pois, apesar de a estrutura das FPS não mudar, as conexões (ou nexos) mudam. Entende-se que os nexos são a própria configuração de novos significados e sentidos, e isso se dá quando as FPS se cruzam no processo evolutivo, promovendo um salto no desenvolvimento do sujeito.

Vygotsky propõe a compreensão do ser humano em sua complexidade, teoria que acredito nos dar um caminho seguro e possível quando falamos do desenvolvimento da personalidade a partir da psicologia.

Memória

Imagine acordar todos os dias não lembrando quem é. O que isso significa? Quem somos, bem como nossa personalidade, é o conjunto das características herdadas geneticamente e entrelaçadas com o conjunto das nossas experiências, escolhas, decisões, hábitos, enfim, nossa história de vida.

Fato é que sem a memória não existiria personalidade. Imagine acordar todos os dias sem lembrar quem você é, seu nome, quem faz parte da sua família, qual sua profissão etc. Para um líder, suas memórias são quem você é, sendo também a base e a referência para quem você deseja ser. A memória nos ajuda a dar sentido e significado a tudo o que desejamos, afeta diretamente a maneira como nos comportamos e como julgamos os outros, a equipe, nossos líderes etc.

Quanto maior é a carga emocional das experiências que vivemos, maior é a probabilidade de memorizarmos os fatos e as situações que enfrentamos ao longo da vida. Como líder, o que você lembra vai gradativamente moldando sua personalidade e seu comportamento.

Veja que um líder memorável é necessariamente um líder que promoveu boas memórias para a equipe. Um líder saudável emocionalmente é um líder que tem boas memórias sobre si mesmo e sobre os outros.

Atenção

A partir da visão sócio-histórica de Luria e Vygotsky, a atenção pode ser definida como a direção da consciência, o estado de concentração da atividade mental sobre determinado objeto. Segundo

Vygotsky[4], a atenção faz parte das funções psicológicas superiores, tipicamente humanas. O funcionamento da atenção baseia-se inicialmente em mecanismos neurológicos inatos e involuntários. A atenção vai gradualmente sendo submetida a processos de controle voluntário.

> A atenção é um processo extremamente sensível que tem sido muito afetada pela tecnologia, principalmente pelo uso do celular. A atenção é seletiva, o que significa que, em maior ou menor grau, selecionamos o direcionamento da nossa consciência para o que desejamos.

A atenção plena, ou *mindfulness*, vem ganhando amplitude no ambiente corporativo, exatamente por vivermos uma avalanche de interrupções e distrações que comprometem o trabalho, impactando negativamente o desempenho dos profissionais.

Sem atenção, sem foco, sem resultados!

Veja como os elementos psicológicos afetam diretamente a nossa ação de liderar e, consequentemente, a nossa personalidade. É por isso que reafirmo a importância de nós, como líderes, conhecermos um pouco da base do comportamento humano, o que certamente permitirá uma atuação mais humanizada e com alto desempenho.

Linguagem

A linguagem é um componente psicológico de extrema relevância para os seres humanos, afetando a nossa personalidade e a nossa ação de liderar.

---

4 OLIVEIRA, Marta Kohl de. *Vygotsky — aprendizado e desenvolvimento: um processo sócio-histórico*. São Paulo: Scipione, 2003.

É por meio da linguagem que o ser humano media suas relações, inclusive consigo mesmo. Criamos linguagem, símbolos, palavras para nos expressarmos, e esse é um elemento psicológico indispensável para uma pessoa se constituir de maneira integral e saudável.

Por meio da linguagem, damos nome aos nossos sentimentos, classificamos os objetos, interagimos com o mundo e, assim, estruturamos quem somos, nossa personalidade.

Vygotsky afirma que uma das funções da linguagem é o intercâmbio social, bem visível em qualquer conversa com outras pessoas, uma vez que conseguimos, por meio de gestos, expressões, palavras e sons, demonstrar nossos sentimentos, desejos e necessidades.

Vygotsky afirma que o desenvolvimento da linguagem implica no desenvolvimento do pensamento, pois, por intermédio das palavras, o pensamento ganha existência[5].

Quem somos e quem nos tornamos estão enraizados nas relações que construímos, o que seria impossível sem a linguagem.

Emoção

Nós não só agimos no mundo, mas também reagimos a ele. Nesse sentido, são as emoções e os sentimentos que afetam nosso comportamento e ajudam a moldar nossa personalidade.

O sentir, o agir/reagir e o ser estão intimamente ligados; o significado das experiências varia de acordo com as emoções que experimentamos. No ambiente de trabalho vivenciamos uma avalanche de emoções, desde a contratação até nosso desligamento.

As emoções são, na minha opinião, o principal *feedback* sobre nossos valores e nossas crenças. São elas que nos apoiam ou nos boi-

---

5 MIRANDA, Josete Barbosa; SENRA, Luciana Xavier. *Aquisição e desenvolvimento da linguagem: contribuições de Piaget, Vygotsky e Maturana*. 2012.

cotam, e é por isso que defendo o controle e a gestão das nossas reações através da maturidade emocional, e não o controle das nossas emoções.

Muitas vezes as nossas emoções estão enraizadas em experiências do passado, traumas ou realizações, entre tantas outras influências. É por isso que esse componente psicológico interage de maneira relevante com os outros componentes psicológicos, biológicos e sociais, estruturando quem somos e quem seremos. Lembre-se: a personalidade não é estática, é dinâmica!

O SOCIOLÓGICO DO LÍDER

Muitos acreditam que a personalidade é, em sua maioria, composta de características exclusivas do indivíduo. Na verdade, grande parte da nossa personalidade foi internalizada do ambiente em que vivemos, das relações que construímos, das expectativas sociais e culturais pelas quais fomos forjados, das regras e das crenças familiares, entre tantos outros elementos que, ao longo do nosso desenvolvimento, impactaram nossa personalidade.

Pense que o ambiente social (cultura e relações) tem um poder de moldar e modificar a maneira como nos comportamos, inclusive as exigências sociais afetam a variação das nossas emoções e sentimentos, o que consequentemente modifica nossos comportamentos. Todo ser humano age sobre a realidade e o contexto, e o contexto age sobre ele, em um ciclo de retroalimentação.

De todas as espécies que habitam nosso mundo, somos os seres mais dependentes uns dos outros. Pense que, quando um bebê nasce, se for abandonado em uma floresta sem contato com outro ser humano, não conseguirá desenvolver funções básicas para nossa espécie, por exemplo, postura ereta, linguagem e comunicação; se sobreviver, agirá como um animal selvagem, guiado apenas pelos instintos primários. Após mais de uma década vivendo nessa situação, esse ser, mesmo se inserido em sociedade para conviver com outros seres humanos, dificilmente conseguirá desenvolver plenamente suas capacidades culturais e comportamentais, em comparação a outros seres humanos.

Isso acontece porque o nosso maior potencial também é a nossa maior fraqueza; explico: de todas as espécies que habitam o nosso planeta, somos os seres que mais conseguem se adaptar a novas realidades, mas, curiosamente, essa capacidade não é inata; ela surge da interação com o ambiente social em que estamos inseridos. Passamos a construir e modificar o ambiente para garantir nossa sobrevivência. Aprendemos a plantar, caçar, fazer roupas para proteção, entre tantas outras formas de sobrevivência.

Essa capacidade, que também é uma dependência, evoluiu para nossa proteção física/corporal e para nossa proteção psicológica. Assim, vamos observando e absorvendo as regras culturais e tendemos a agir e a nos comportar conforme é aceitável, exatamente para nos preservarmos de sofrimento e vulnerabilidade psicológica.

Perceba que os elementos biológicos, psicológicos e sociológicos agem sobre nós, construindo e desconstruindo quem somos, em um ciclo dinâmico e ativo. Personalidade não é imutável, não é só herança genética ou só psicológica, muito menos apenas reflexo da sociedade e cultura em que vivemos.

Pensando no desafio de liderar, precisamos ter em mente que as pessoas se tornam um mosaico de tudo aquilo com que tem contato, assim, e felizmente, uma liderança humanizada tem o poder de transformar o meio ao seu redor e promover saúde mental, agindo ativamente na construção identitária da sua equipe.

A personalidade de um líder passa pelas influências de autoridade e liderança que ele teve, pelas figuras de autoridade, como pais, familiares e cuidadores, professores, treinadores esportivos, líderes dos primeiros empregos, entre tantas outras introjeções que construíram nele a visão sobre o que é ser um líder.

As ideias que essas figuras de autoridade defendiam são, em grande parte, as estruturas que precisam ser reforçadas ou desconstruídas em nós, como líderes, dependendo de quanto elas nos aproximam ou nos distanciam de uma liderança humanizada.

Triângulo de Karpman e Liderança

Pensando na busca por uma liderança saudável, que promova segurança psicológica em si e na equipe, gostaria de apresentar um conceito das relações interpessoais que certamente pode ampliar a consciência no caminho da nossa saúde emocional.

> O triângulo do drama ou triângulo de Karpman, como também é conhecido, é um modelo social concebido por Stephen Karpman, um aluno de Eric Berne, o pai de análise transacional. Berne incentivou Karpman a publicar o que chamou de "triângulo de Karpman". O artigo de Karpman foi publicado em 1968. Karpman recebeu o Eric Berne Memorial Scientific Award em 1972 por esse trabalho.

Karpman usou triângulos para mapear relações transicionais conflitantes ou de drama intenso. O triângulo do drama de Karpman modela a ligação entre a responsabilidade pessoal e de energia em conflitos e os destrutivos e inconsistentes papéis que as pessoas "encenam". Ele definiu três funções/papéis no conflito: Perseguidor, Salvador (uma posição superior) e Vítima (uma posição inferior).

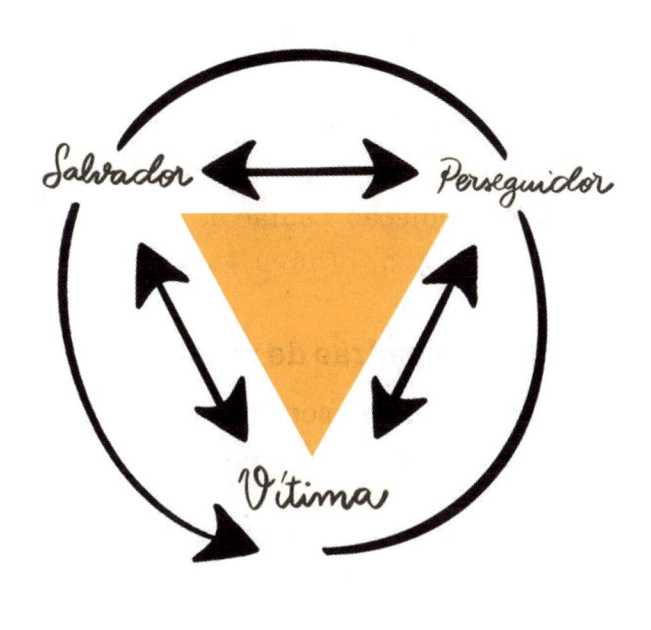

Relacionamentos Saudáveis na Sua Liderança

Durante toda nossa vida nos relacionaremos com pessoas, desde o nascimento até a hora de morrer. Independentemente das razões, motivos e circunstâncias, sempre estaremos em relacionamentos. O filósofo Martin Heidegger, em sua abordagem existencialista, afirmou que ser humano é ser em relação aos outros. Isso significa que o que somos e o que seremos se determinam pelas relações que construímos ao longo da nossa existência. Assim, destaco que qualquer tipo de liderança em qualquer contexto estará sempre relacionada com a qualidade das interações com as pessoas.

Parece redundância, porém é apenas o reforço elucidativo de que, quanto mais investirmos em estabelecer relacionamentos saudáveis durante a nossa vida, mais felizes e saudáveis seremos.

Gosto de classificar os relacionamentos em três tipos distintos: padrão de manipulação, padrão de repetição e padrão de crescimento.

Relacionamentos em padrão de manipulação

É exatamente neste ponto que podemos compreender o quanto um líder pode ser o eixo principal na promoção da saúde ou no adoecimento da sua equipe, inclusive levando em consideração que, em qualquer uma dessas situações, o líder será afetado. Nesse sentido, vale discorrer sobre os três papéis básicos conforme os quais o relacionamento em padrão de manipulação acontece — perseguidor, vítima e salvador —, de acordo com o triângulo de Karpman.

Líder no papel de perseguidor

Neste papel o líder se mostra autoritário, inflexível, na maioria das vezes, acredita que a agressividade pode ser um meio de "fazer justiça com as próprias mãos", se impõe provocando opressão e medo nas pessoas que lidera, é arrogante ou prepotente.

Este tipo de líder nem sempre expressa de maneira explícita essas características. Aliás, ele é especialista em manipular de forma sutil também, causando um clima de ameaça, medo e insegurança na equipe.

Sabe aquela máxima de que "manda quem pode, obedece quem tem juízo"? Esse é o *slogan* do líder perseguidor. Ele dificilmente elogia ou dá *feedbacks* positivos, é especialista em criticar e apontar as falhas e os defeitos dos outros.

São líderes grosseiros que fazem tudo acontecer do jeito que eles querem. São centralizadores, controladores e demonstram segurança em suas atitudes. Podam os colaboradores muito criativos que ameaçam a sua liderança e, muitas vezes, dizem "não" e se opõem aos outros apenas para afirmarem o seu poder.

Pela necessidade de sobreviverem no cargo de liderança, agem dessa maneira usando o medo como elemento principal da manipulação. Desejam esconder suas fragilidades e vulnerabilidades, parecem destemidos, mas na verdade são inseguros. Os perseguidores, no triângulo de Karpman, manipulam as pessoas por meio de ameaças, acreditam que, quanto mais medo as pessoas tiverem deles, mais serão respeitados.

Por não conseguirem influenciar as pessoas de maneira saudável e assertiva, se impõem através das regras e do legalismo. Quando punem alguém, adoram exibir a situação como troféu, expondo a equipe e os colaboradores. Acreditam que, fazendo isso, mostram força e relevância, impedindo que outras pessoas venham a cometer erros parecidos. Manipulam as informações para conseguirem o que querem, inclusive colocando uns contra os outros, se for necessário para terem o que desejam.

O líder perseguidor é uma ameaça para a empresa, pois não consegue estabelecer um diálogo assertivo, aumenta o tom de voz para se impor quando preciso, não sendo raro oprimirem as pessoas com suas "verdades absolutas".

Pense que, em um relacionamento em padrão de manipulação, o líder perseguidor age como um caçador atrás das presas, são obstinados e inflexíveis.

Este tipo de líder tem uma tendência ao adoecimento precoce, experimenta o limite emocional da raiva por causa do apego a seus ideais. É realmente notável como este tipo de líder alcança os resultados e as metas, porém deixam um rastro de "sangue" e sofrimento para trás.

Para o líder perseguidor, as pessoas são um meio para ele conseguir o que quer, e não um fim em si mesmas. Já trabalhei em lugares com este tipo de líder e posso afirmar: inúmeras pessoas saíram adoecidas, apresentando episódios de depressão, crises de ansiedade, chegando ao limite da violação de direitos por assédio moral.

Reconhecer-se um líder perseguidor é apenas o primeiro passo para uma "cura". Líderes assim precisam mergulhar para dentro de si na busca pelas influências que embasam neles a estrutura desse papel tão questionado nos dias de hoje.

Um líder que se reconhece perseguidor e deseja expandir sua forma de relacionar-se com as pessoas pode encontrar apoio e ajuda em processos de desenvolvimento centrados na pessoa, como análise e psicoterapia.

Líder no papel de vítima

O líder no papel de vítima explicita sua insegurança através da baixa autoestima, vê os outros sempre como melhores que ele mesmo, não se sente merecedor do cargo que ocupa, tem um apego emocional à culpa, pois sempre acha que está sendo julgado pelos outros.

Ele assume a culpa até do que não fez, como forma de se punir e, assim, externar o que podemos chamar de "delírio persecutório". Acredita que as pessoas estão sempre o julgando, seja no olhar ou em conversas paralelas; acha que é perseguido e nunca conseguirá alcançar novos postos de liderança.

Este líder tem medo de assumir riscos e, quando possível, transfere a responsabilidade das decisões para outras pessoas/líderes. Quando seus erros se tornam visíveis, se justifica o tempo todo. Tem grandes dificuldades de tomar decisões sozinho e o costume de usar muletas emocionais para que as pessoas sintam pena dele; acredita, ainda, que as pessoas são ingratas e que não dá para confiar em quase ninguém.

Ele sente uma grande dificuldade de se expressar publicamente, seja em reuniões ou em outros contextos onde a sua opinião é importante. Esconde-se, sempre que possível, de grandes responsabilidades e projetos e se autoboicota por meio dessa estratégia. Tem baixa tolerância à frustração e, para se esquivar das críticas, usa o perfeccionismo como estratégia de camuflagem emocional.

Líderes que assumem o papel de vítima têm uma tendência a sofrerem com depressão e crises de ansiedade e pânico, pois acumulam as frustrações, colocando excessiva energia reclamando da realidade que vivem. Gravitam em torno dos problemas usando-os como justificativa para não desenvolverem todo o seu potencial.

Este tipo de líder está no triângulo dramático de Karpman por manipular as pessoas pela autocomiseração e pela pena. Tem uma grande habilidade de nos fazer sentir culpa pelo fracasso dele e usa isso de maneira sutil e até inconsciente.

É importante ressaltar que esses líderes, em sua maioria, experimentam um sofrimento de maneira calada e, muitas vezes, até aparentemente bem-humorada, porém vivenciam picos agudos de angústia que podem levar ao adoecimento emocional.

Líderes que atuam como vítimas comprometem o resultado da equipe que lideram na mesma intensidade que os líderes perseguidores, pois transmitem insegurança para os colaboradores.

Na maioria das vezes, os perseguidores atraem pessoas no papel de vítimas para suas equipes, em um ciclo de "autocompletar" das polaridades presentes.

Líderes no papel de salvadores

Estes são muito comuns. Acreditam que a sua liderança depende da aprovação alheia, entretanto conseguem isso de maneira muito arriscada para a própria saúde mental. Eles têm grande dificuldade de dizer "não" e de pedir ajuda, pois sentem que o seu papel é ajudar/salvar. São aparentemente "hiper-responsáveis", ajudam todos e se mostram sempre disponíveis, pois sabem que assim conseguem transmitir uma imagem de alguém competente.

Para os líderes salvadores, o outro está sempre em primeiro lugar. Eles se sentem na obrigação e no chamado de salvar as pessoas de seus problemas e angústias, carregam o mundo nas costas e se sacrificam em seu afeto, somente para que as pessoas estejam bem.

Na agenda e no cotidiano, abraçam tudo e todos! São vistos como pessoas prestativas e, muitas vezes, bondosas, mas não percebem que assumem um lugar desumano por não conseguirem desfrutar de si mesmos e da família. Quando são cobrados, se veem injustiçados.

Líderes salvadores não conseguem se desconectar do trabalho nem quando estão de férias, se preocupam demasiadamente com tudo, acreditando que as coisas só acontecem bem quando eles estão presentes, por isso as pessoas "precisam" deles.

Tais líderes têm um nível de arrogância e prepotência veladas, inconscientes, e que muitas vezes servem como estratégia para se sentirem aceitos. Aliás esta é a sua maior busca: se sentirem amados e desejados.

Os salvadores estão no triângulo dramático de Karpman pois manipulam as pessoas pela culpa e pela dívida; fazem tanto para tantas pessoas e acabam por produzir uma sensação de dívida em quem eles apoiam, que deve ser paga quando precisarem de ajuda.

Manipulam os outros fazendo-os se sentirem culpados se não os ajudarem com seus projetos e desejos. Em casos extremos, cobram a gratidão de maneira explícita. Líderes salvadores têm grande tendência a sofrerem com crises de ansiedade e *burnout*, pois acumulam muitas funções e tarefas na busca pela aceitação.

Relacionamentos em padrão de repetição

Este tipo de relacionamento acontece quando o líder tem consciência de que precisa expandir e ampliar sua maneira de se relacionar de forma saudável, porém não consegue romper com os ciclos dramáticos de manipulação.

Muitas pessoas não se dão conta de que estabeleceram relacionamentos em padrão de repetição e frequentemente tentam deixar de repetir as mesmas decisões e os mesmos erros, mas sem sucesso. Acabam por sentir remorso, sofrem por períodos curtos, mas com grande recorrência ao longo da vida.

Vão exaurindo gradativamente suas esperanças de uma vida e liderança melhor, por se verem experimentando as mesmas angústias em situações diferentes. É interessante notar como passam a viver quase que como sobreviventes do ambiente organizacional e até mesmo da jornada existencial.

Na minha prática de aconselhamento e acolhimento de líderes corporativos, percebi que muitas pessoas que estabelecem relacionamentos em padrão de repetição têm tendência à *ideação suicida*. É muito difícil escapar desses lapsos existenciais quando nos vemos presos a ciclos destrutivos, quando não enxergamos perspectivas reais de transformação ou quando o que se repete acaba por ganhar cada vez mais intensidade de dor e sofrimento. Assim, encontramos, na antecipação da finitude, a saber, a morte, uma alternativa ao fim da frustração existencial.

O ponto de virada para uma vida saudável acontece quando encontramos uma rede de apoio robusta, que nos sustente até que consigamos desenvolver um novo nível de autonomia emocional.

Relacionamentos em padrão de crescimento

Um relacionamento em padrão de crescimento não é um relacionamento sem falhas ou erros; é um relacionamento maduro e autêntico. Não existe comunhão entre personagens, nem na novela, nem nas séries, nem nos filmes. Comunhão e crescimento só acontecem entre pessoas reais e maduras.

Viver encenando papéis é mutilar a vida e o prazer da nossa existência. Viver não é encenar um personagem, é protagonizar na realidade.

Falas, prontas, discursos ensaiados, atuações memoráveis podem até dar um pouco de segurança e prazer, mas corrompem sua autenticidade e lhe roubam a individualidade. Enganamos nosso coração acreditando que, se formos exatamente o que os outros esperam de nós, seremos felizes. Tire a máscara do autoengano!

Não existe felicidade na anulação, o que existe é só vazio e solidão. Tire o drama, sai da lama, pois não se engana o próprio coração.

Líderes saudáveis aprenderam a estabelecer relacionamentos em padrão de crescimento.

A seguir, compartilho oito chaves para relacionamentos em padrão de crescimento, presenteados para o *Líder no Divã* diretamente do *Pequeno, mas nem Tanto, Dicionário para uma Vida com Propósito*, de Branca Barão. Use sem moderação!

1. Humildade

Nutrir intencionalmente uma posição de abertura e receptividade, não se colocando acima dos outros.

É exercitar a sua humanidade.

Vem do grego, *humus*, que significa *terra*.

Convida você a manter os pés no chão, pois foi do chão que você veio e é para lá que voltará.

É lembrar que não faz sentido nenhum perguntar: "Você sabe com quem está falando?"

Muito menos se sentir superior e andar por aí, com o peito estufado, "se achando"!

É saber que está permitido brilhar, sem que, o holofote dos outros, você precise apagar.

É liderar sem pisotear.

É reconhecer que dá para, ao mesmo tempo: aprender, ensinar, direcionar e elogiar.

É saber que a vida é um eterno caminhar.

E que, inevitavelmente, nós iremos cair e levantar.

Se quem estiver de pé apoiar a quem estiver no chão, nós teremos descoberto a verdadeira utilidade para nossas mãos.

Só é humilde quem tem autoconfiança.

É com ela que a vida se expande.

Pois assim como uma criança, não precisamos provar nada para ninguém para sermos grandes.

É aceitar nossa vulnerabilidade e olhar a vida com esperança.

Abrir mão do que já sabemos e aprender com a mudança.

É colocar a hierarquia em seu devido lugar: no organograma.

O valor não tem nada a ver com a sua fama.

EFEITOS COLATERAIS:

- respeito,
- admiração,
- valor,
- gentileza.

CONTÉM:

- humanidade,
- empatia,
- compaixão,
- autoconsciência,
- sabedoria,
- autoconfiança.

Quando encontrá-la, você abrirá mão: da arrogância, da prepotência, do perfeccionismo, do egoísmo, da superioridade.

2. Flexibilidade

Seja maleável, considere que conviver é saber do que você pode abrir mão e do que não pode (seus valores).

É saber, de coração, que podemos mudar de rumo e de opinião!

É lembrar que a vida é fluida e que enrijecer é sofrer.

É poder:

- Fazer uma nova escolha.
- Experimentar uma nova direção.
- Começar de novo com ainda mais aprendizado.

É dançar conforme a música que a vida toca.

Almoçar sorvete e jantar pipoca.

Viajar de barco, carro, moto e avião.

Depois, experimentar voar também de balão.

É ter coragem de aumentar o repertório, pois tudo na vida é transitório.

É fazer perguntas e ouvir respostas. Com atenção.

É reconhecer que errou.

Pedir perdão.

É gerar alternativas, expandir possibilidades.

Descobrir caminhos, exercitar vontades.

Questionar verdades.

Olhar o todo e decidir as prioridades.

Enxergar os dois lados antes de tomar uma decisão.

Escolher com firmeza, mas só depois de ouvir o seu coração.

É ter a certeza de que nós sempre fazemos a melhor escolha que temos disponível a cada momento.

É aprender a voar na direção do vento.

EFEITOS COLATERAIS:

- humildade,
- amizade,
- empatia,
- resiliência,
- mudança.

CONTÉM:

- aprendizado,
- evolução,
- expansão,
- coragem,
- desapego.

Quando encontrá-la, você abrirá mão: do controle, da rigidez, da teimosia, da arrogância, da estabilidade, do medo da mudança.

3. Presença

Selecione sua atenção para a pessoa que está diante de você.

É saber que, independentemente da hora, a vida só existe no agora.

É trazer o pensamento e o corpo para o mesmo momento.

É, do futuro e do passado, ter desprendimento.

A vida é um eterno presente.

Ou você está "aqui e agora" ou certamente está ausente.

E se você não está aqui, quem está no seu lugar?

É sempre bom se perguntar. O passado, é um emaranhado de memórias. Lá, tudo é história. O futuro, a expectativa e a possibilidade. É no agora que mora toda e qualquer oportunidade.

De falar "eu te amo".

De dizer "não"

De sonhar e dar o primeiro passo para realizar.

De ter certeza que a vida não está sendo em vão. Não se pode esperar a próxima segunda-feira para começar.

Se fizer isso, certamente, irá falhar.

Pois, quando a segunda-feira chegar, é o seu eu do presente que estará lá, querendo mais uma vez adiar.

Ontem, era presente. Amanhã também será.

Se todo dia é presente novamente, quão presente você está?

Estar presente é uma decisão.

Requer foco, atenção e determinação.

Pois sua cabeça sempre vai querer te levar para qualquer outro lugar.

EFEITOS COLATERAIS:

- produtividade,
- realização,
- determinação,
- plenitude.

CONTÉM:

- atenção,
- integridade,
- foco,
- paz,
- tranquilidade.

Quando encontrá-la, você abrirá mão: da ansiedade, do controle, das expectativas, da nostalgia.

4. Conexão

Encontre o que há em comum entre você e o outro.

É uma cola fabricada pelo coração.

É descobrir a ligação entre você e eu, encontrando a intersecção.

Ter uma via de mão dupla entre o cérebro e o coração.

Juntar pensamentos, sentimentos e ação.

Muitas vezes, é apontada pela intuição.

É reconhecer que a vida é um quebra-cabeça de primeira mão.

Descobrir se cada uma das peças, que encontramos pelo caminho, encaixam ou não!

É se abrir a procurar.

Saber quando encontrar.

Direcionar o olhar com o objetivo de encaixar.

É se perdoar quando o encaixe não rolar.

É respirar fundo e não forçar a barra tentando realizar encaixes na marra.

Conexão é a magia de olhar uma oportunidade e pensar:

"Ah... isso era tudo que eu queria".

De repente, isso se torna realidade.

O nome disso? Felicidade.

É quando o Universo conspira.

E você só aceita, se alegra e suspira!

Conexão é deixar clara a sua vontade.

E contar com a sorte da reciprocidade.

EFEITOS COLATERAIS:

- autoconhecimento,
- clareza,
- auto-honestidade,
- transparência,
- sorte,
- reciprocidade.

CONTÉM:

- vontade,
- atração,
- necessidade,
- desejo,
- presença,
- atenção.

Quando encontrá-la, você abrirá mão: das expectativas, do controle, da ilusão.

5. Cooperação

Saiba que apoiar o outro nos objetivos dele é uma forma de amar.

Eu, você, uma intersecção de intenção.

Se tem o prefixo "co", seja lá o que for a ação, nós estaremos juntos, numa mesma direção.

É o *fair play* do jogo da vida.

É um time que comemora após uma partida ser vencida.

É esforço direcionado.

É um jogo que todos ganham.

Onde aprendemos e ensinamos.

Temos apoio e apoiamos. E as informações que temos, compartilhamos.

É substituir o EU por NÓS.

É saber que posso contar com você.

E deixar você saber que pode contar comigo.

A gente coopera quando para de olhar apenas para o próprio umbigo.

Diminuem as críticas e as cobranças.

Somam-se os sonhos e objetivos.

Dividem-se as responsabilidades.

É quando o melhor de mim se associa ao melhor de você, e juntos fazemos acontecer a maior mágica!

De cantar aquela canção que desafia a matemática:

"Um mais um é sempre mais que dois".

Nós alcançamos juntos o sucesso

E damos um bom abraço depois.

EFEITOS COLATERAIS:

- amizades,
- companheirismo,
- lealdade.

CONTÉM:

- parceria.

Quando encontrá-la, você abrirá mão: da competição, da inveja, do medo de ficar pra trás.

6. Autenticidade

A coragem de mostrar ao mundo quem você é de verdade!

É perder o medo da sua própria espontaneidade. Sair de casa toda trabalhada na naturalidade.

É construir, com cada atitude do dia a dia, a sua própria liberdade.

Ter orgulho da sua essência.

Sempre ter notada a sua ausência.

É fazer falta...

Já que se tornou alguém que sempre deixa a sua marca.

É ter coragem de sair do armário da vida.

Ser julgada como atrevida.

Não ser considerada uma pessoa muito comedida!

É entender que o que os outros pensam não é problema seu.

É saber quando um relacionamento "já deu"!

É usar a roupa que te faz feliz.

É olhar sua vida como ela está hoje e saber que "fui eu quem fiz!".

É escrever a história da sua vida com caneta, e não com giz.

É ser a primeira pessoa que te aprova, que te aceita, que ri das suas piadas e que acha que ficou um arraso com aquela roupa nova que você mesma se deu de presente.

É olhar para si mesma reconhecendo aquilo em que é competente.

É buscar aprovação na sua própria opinião.

É simplesmente existir, sem se omitir e sem precisar agredir.

A autenticidade é leve. Não é imposição.

É descer de cima do muro para o lado que seu coração mandar.

É ir para festa e ter coragem de dançar.

É rir de si mesma quando as coisas não saem como o planejado.

É saber que mesmo dando o nosso melhor seremos criticados.

É o motivo mais profundo pelo qual somos invejadas.

É lembrar-se de quem você é, do que gosta, do que quer

E caminhar de cabeça erguida nessa direção.

É ouvir e seguir o próprio coração.

É permissão para existir sem edição!

EFEITOS COLATERAIS:

- liberdade,
- propósito,
- autoconhecimento,
- leveza,
- espontaneidade.

CONTÉM:

- coragem,
- abertura,
- resiliência,
- integridade.

Para encontrá-la, você terá que abrir mão: medo da crítica, insegurança, baixa autoestima.

7. Leveza

A vida só é um fardo quando você não tem clareza dos seus valores. Busque-os e alinhe-se a eles.

É, no rio da vida, aprender a boiar.

Alimentar a paciência

Vibrando em outra frequência

Tratar a si com gentileza.

Decidir com firmeza.

Não sofrer por miudeza.

Dizer "não" sem se culpar.

Saber que a hora certa ainda vai chegar.

É não se cobrar demais. Lembrar que, sempre que errar, podemos consertar. E o mesmo erro não cometer jamais.

É saber que a vida sabe ser difícil.

E não carregar peso que não nos pertence.

Fazendo da vida aventura, e não suspense.

É fazer o que te faz feliz sem te tirar o sono.

Saber que, da sua vida, você é o dono.

Escolher ter por perto pessoas que também não pesem.

Amores e amigos foram feitos para serem leves.

Realizar viagens que cabem nas férias. Ter o carro que cabe no bolso. Comer a comida que não dá sono.

Comer algo gostoso sem medo de engordar.

Dançar sem se preocupar com o que os outros vão falar.

É fracassar e recomeçar, quantas vezes precisar.

Sem se lamentar.

EFEITOS COLATERAIS:

- paz,
- tranquilidade,
- alegria,
- presença.

CONTÉM:

- transparência,
- alegria,
- superação.

Quando encontrá-la, você abrirá mão: da autocobrança, do drama, da manipulação, da prepotência, do controle.

8. Lealdade

Não estabeleça relacionamentos por interesses. Seja honesto com você sobre o que pensa dos outros e assim será.

A capacidade de cumprir o combinado mesmo quando não dá vontade.

É a relação que tem como base a integridade.

É estar inteiro na verdade

Ser transparente, coerente e congruente mesmo que perca alguma oportunidade.

É coragem para deixar claro o combinado.

E cumprir o prometido.

É respeito pelas expectativas criadas.

É transparência compartilhada.

É justiça construída.

É produto da maturidade.

O imaturo tropeça nas próprias escolhas.

Não é leal nem mesmo às suas palavras.

E isso não tem nada a ver com a idade.

EFEITOS COLATERAIS:

- fidelidade,
- vulnerabilidade,
- firmeza de valores e de propósito.

CONTÉM:

- parceria,
- transparência,
- honestidade,
- confiança.

Quando encontrá-la, você abrirá mão: da hipocrisia, do fingimento, da falsidade, da manipulação.

LIDERANÇA INTERCULTURAL E INTERGERACIONAL

Tempos de mudança, tempos de repensar a liderança!

Vivemos tempos de grandes mudanças. A família, o trabalho, as equipes não são mais as mesmas, e as empresas... bom, as empresas também mudaram, e, como já dissemos, dentro desse universo de mutações, não existe nenhuma ação mais importante do que a ação de liderar.

A percepção que um colaborador tem sobre a empresa em que trabalha está diretamente ligada à qualidade do relacionamento que ele tem com a sua liderança imediata. Devemos considerar que, assim como tudo mudou, o caminho do "liderante" também mudou muito nos últimos quinze anos!

Atualmente nos deparamos com características peculiares na identidade cultural corporativa; importantes referências sociológicas e psicológicas como Zygmunt Bauman e Daniel Goleman, respectivamente, apontam para um dos maiores desafios na ação de liderar nas empresas que já vivemos na história.

Convivemos e lideramos equipes completamente heterogêneas, em que a diversidade não está localizada apenas nas características e escolhas relacionadas à sexualidade, à espiritualidade e à estética dos indivíduos, mas em toda a identidade cultural, o que afeta a entrega de cada colaborador no ambiente organizacional.

Como se não bastasse, essa identidade está em constante mutação; de um ano para outro, alguns conceitos de comportamento das gerações caem em desuso, são extintos em um piscar de olhos, enquanto outros surgem, a uma velocidade assustadora.

Se a ação de liderar consiste em influenciar e conduzir pessoas a objetivos específicos, a pergunta então é: como ser um líder relevante e eficaz em nosso tempo?

Novos Paradigmas, Velhos *Mindsets*

Vivemos uma crise de lideranças por estarmos diante de novos paradigmas sociais, econômicos, psicológicos que afetam nossa maneira de ver e intervir nas organizações. Pense comigo: nas últimas décadas, a fim de compreender as diferenças culturais e, assim, atuarmos de forma assertiva, ouvimos e estudamos as características das gerações X, Y, Z, baby boomers... De fato, existe uma relevância histórica nesse empenho, mas, se pensarmos no desafio da atuação cotidiana da liderança, três implicações são necessárias de serem observadas:

1. **Não estamos evoluindo de forma linear:** Enquanto elementos culturais evoluem (tecnologia), outros "involuem" (avalanche de afastamentos do trabalho por questões de saúde mental). Isso acontece por existir um abismo entre o que fazemos e o que desejamos em nossos projetos de carreira, trabalho e vida.

2. **Comportamento não se compreende classificando:** O líder que, ao conversar com um funcionário, investir seu conhecimento apenas em classificá-lo com as características da sua "pseudogeração", fracassará no exercício da liderança. Humanizar a liderança implica em fazer um movimento contrário, e para isso é necessário desenvolver mais sensibilidade e aumentar os recursos da percepção do líder, promovendo maior presença na ação do liderante.

3. **Mutação, este é o clima!:** As pessoas da atualidade estão em constante mutação cultural, assim, mais importante do que saber as características das gerações, é saber agir em um mundo de comportamento globalizado.

Liderança intercultural é a liderança essencial. Chegamos, enfim, ao conceito fundamental para o exercício de qualquer tipo de liderança, em qualquer tipo de organização e nível hierárquico! O denominador comum para qualquer tipo de liderança é o alicerce essencial para formar equipes de alta performance e conduzi-las por caminhos de êxito, reduzindo consideravelmente o desgaste no exercício da liderança.

Liderança intercultural é o movimento de humanização na liderança das empresas. Humanização, que antes era discutida apenas no contexto médico hospitalar, agora encontra eco em todos os segmentos da sociedade.

Todo líder muito bem preparado para a liderança intercultural e intergeracional terá um caminho saudável de crescimento e realização, independentemente das equipes e pessoas que venha a liderar. Nos dias atuais, em que inúmeros conceitos, ferramentas de gestão, estratégias de desenvolvimento, softwares de avaliação e classificação de perfis e personalidades surgem com grande velocidade, devemos voltar urgentemente à essência do que é liderar, pois só assim conseguiremos alicerçar o desenvolvimento saudável das pessoas que trabalham liderando e gerando o orgulho de pertencer.

Temos lido, visto e ouvido muito sobre a necessidade de desenvolvermos as *soft skills*, como são chamadas as *competências comportamentais*. Em nome do conceito da inteligência emocional, tão bem difundido pelo Daniel Goleman, muitos profissionais da área de recursos humanos têm se empenhado em desenvolver e priorizar essas características e habilidades nos processos de desenvolvimento de líderes.

Como a proposta deste livro é promover uma abordagem centrada na pessoa do líder (pessoa por trás do cargo de liderança), quero me deter pouco nas *hard* e *soft skills* e falar sobre o que chamo de *essential skills*.

Claro que esta é uma brincadeira para os termos norte-americanizados que importamos no contexto corporativo, entretanto esse conceito é altamente relevante quando pensamos no desafio de promover uma liderança humanizada.

Hard e Soft Skills

Essential Skills

Essa figura tem um objetivo didático de nos ajudar a compreender um líder a partir uma árvore. As *hard* e *soft skills* são o que conseguimos enxergar da árvore — caule, folhas, a copa e até os frutos. Mas o que realmente a sustenta não é perceptível aos olhos e está abaixo do solo: as raízes. Nessa analogia, as raízes são responsáveis por sustentar as árvores quando enfrentam as tempestades, como também extrair nutrientes do solo para o desenvolvimento delas.

Quanto mais saudáveis e profundas/extensas as raízes são, mais a árvore será flexível e, ao mesmo tempo, resistente às estações do ano e às intempéries climáticas.

Bambu Chinês e liderança

Depois de plantada a semente do bambu chinês, não se vê nada por aproximadamente cinco anos — exceto um diminuto broto. Todo o crescimento é subterrâneo; uma complexa estrutura de raiz, que se estende vertical e horizontalmente pela terra, está sendo construída. Então, ao final do quinto ano, o bambu chinês cresce até atingir a altura de 25 metros.
—AUTOR DESCONHECIDO

Pense nessa analogia. Assim como o bambu chinês, alguns líderes conseguem desenvolver raízes saudáveis e profundas, entretanto isso não acontece do dia para a noite, como na história infantil *João e o Pé de Feijão*. Porém, o imediatismo dos dias atuais tem feito muitos líderes buscarem resultados a curtíssimo prazo, do tipo linha de produção.

Cuidado: o que nasce grande é monstro! Líderes não se formam com milagres; líderes necessitam de processos de desenvolvimento.

Líderes são forjados de maneira artesanal, e não em linhas de produção. Crescer e se desenvolver é diferente de inchar!

Crescer é resultado de trabalho e dedicação, de autoconhecimento e compromisso com o seu próprio desenvolvimento, construindo uma visão clara sobre o que você busca ao estar em um cargo de liderança. Você se dedica, investe dinheiro, tempo e faz tudo o que pode para alimentar seu desenvolvimento e crescimento, mas, por vezes, não vê resultados durante muito tempo, assim como o início do bambu chinês.

Não estou aqui dizendo que você precisa passar décadas para se tornar um líder humanizado de alto desempenho. O que quero mostrar é que isso só é possível se você se preocupar com as competências essenciais que estruturam uma liderança eficaz e funcionam como raízes para ela.

Existe, sim, um denominador comum de competências que, quando bem desenvolvidas, são garantia de sucesso no exercício de qualquer liderança, em qualquer tempo e em qualquer contexto.

Imagine se você descobrisse como exercer uma liderança saudável de forma eficaz em qualquer contexto, liderando pessoas de maneira intergeracional e intercultural.

Adiante, falarei sobre as quatro competências essenciais, mas ainda precisamos falar um pouquinho sobre liderança intercultural e liderança intergeracional.

Culturas e contradições habitando a mesma pessoa

Vivemos tempos em que a pluralidade passou a ser um grande desafio para os líderes. Mas o que isto significa, afinal? Pluralidade é um conceito que engloba a diversidade presente em uma cultura ou sociedade. Em uma interpretação e leitura psicológica do termo aplicado ao contexto da liderança, podemos afirmar que a pluralidade é uma realidade que está presente dentro das pessoas, independentemente do cargo que exercem.

Como pessoas atrás dos cargos, somos constituídos de uma força significativa de crenças, princípios morais e éticos, ideias, valores e expectativas. O que muitas vezes não nos damos conta é que nos tornamos esse balaio de ideias, ou essa salada de informações e crenças, que acabam por ser os determinantes psicológicos das nossas decisões.

Como líderes, precisamos compreender que as pessoas, e nós mesmos, estamos em uma constante mutação e vivenciamos mudanças de opinião e até conflitos de ideias, não só em nossas relações interpessoais, como também na nossa relação intrapessoal (conosco).

Tenho um exemplo que pode ajudá-lo a entender melhor o que estou falando. Minha mãe sempre foi uma mulher com um certo grau de religiosidade, e quando eu era adolescente via algumas expressões da sua fé através do catolicismo; aliás, ela mesma se dizia católica. Porém o tempo foi passando, e alguns anos atrás, conversando com ela, percebi a pluralidade em pessoa na figura da minha mãe. Ela continua se dizendo católica, mas acredita na reencarnação, que é uma doutrina espírita, tem na cozinha um tipo de calendário do Seicho-no-ie, com dizeres e palavras dessa crença oriental, e assiste e comenta as pregações de um pastor que tem um programa na televisão todos os domingos.

Acho que agora ficou mais fácil entender o desafio da pluralidade no contexto da liderança. Lidamos com pessoas que estão cada vez mais volúveis, que já não têm tantas certezas e convicções sobre si mesmas, suas carreiras, seus projetos existenciais, dentre outros aspectos que afetam o líder e sua liderança. Vale ressaltar que temos hoje emergindo nas empresas líderes com esse mesmo tipo de características psicológicas, pessoas que, em si mesmas, estão pluralizadas, e muitas vezes se contradizem naquilo que acreditam com relação ao tipo de líder que querem ou precisam ser.

Imagine então se lideramos uma equipe de quinze colaboradores, e na composição dessa equipe temos pessoas de várias gerações, influenciadas pelas informações e pela cultura global que está pulverizadas na internet. Desde os mais jovens até os mais seniores são afetados pela mutação cultural que a tecnologia e as mídias sociais estão promovendo.

Como um líder pode realmente ter êxito liderando equipes tão plurais, cujos membros estão "pluralizados"?

Parece impossível de exercermos uma liderança assertiva diante desse contexto, pois é até mesmo difícil acompanhar as mudanças socioemocionais e psicológicas que estão acontecendo a uma velocidade cada vez mais rápida.

Uma resposta bastante eficaz e saudável para um líder nos dos de hoje é compreender que o foco do seu desenvolvimento está em si mesmo, e não no outro. Quanto mais o líder se humanizar, automaticamente, humanizará a sua gestão e a sua liderança. Se o líder ficar gravitando em torno de compreender e interpretar todas as variações geracionais e culturais da equipe, terá uma enorme dificuldade de traduzir as informações sobre essas pessoas em uma gestão mais humanizada e assertiva; até porque, como já foi dito, quando ele conseguir compreender e atuar nas especificidades da equipe, muito provavelmente ela já terá sofrido alguma mutação.

Existe uma frase que circula na internet, por vezes atribuída a Mário Quintana, que diz: "Cuide do seu jardim e as borboletas virão até você".

Quando cuidamos das raízes que sustentam a nossa liderança humanizada, inevitavelmente nos tornamos líderes humanizados de alto desempenho. Quando nos preocupamos em entender todas as pessoas nos seus mínimos detalhes, é como se estivéssemos correndo atrás das borboletas para embelezar o jardim.

Se, como líder, me dedico a desenvolver atitudes empáticas, estou cuidando do meu jardim, e assim serei um líder que atrai e retém talentos, pois as pessoas amam trabalhar com líderes empáticos. Se estou investindo meu tempo em controlar as pessoas ao meu redor, serei como um repelente de talentos, estarei menosprezando o potencial da minha equipe e, consequentemente, fracassarei em estabelecer uma liderança assertiva.

Agora, você já deve ter clareza de que este livro que você está lendo não é um livro que vai falar "mais do mesmo" sobre liderança. Aliás, minha proposta é acolher o líder em suas angústias e ampliar o seu repertório de compreensão e atuação no desafio de liderar nos dias atuais, sendo didático e assertivo.

Existe, sim, um alicerce seguro para você edificar a sua liderança estabelecendo um olhar amplo sobre as pessoas por trás dos cargos, fazendo com que a sua equipe possa realizar todo o potencial por intermédio de uma liderança que promova segurança psicológica.

Todo líder vive diante de pressão por resultados, mas saiba que você pode alcançá-los promovendo o crescimento da equipe e agregando as diferenças culturais e geracionais.

É muito difícil pedir ajuda no ambiente corporativo:

- **85% dos colaboradores têm interesse em promoção da saúde mental no ambiente corporativo.**
- **1/3 se sente despreparado para isso.**
- **Mais de 70% dos colaboradores não se sentem à vontade para pedir ajuda na empresa em que trabalham.**

Summit saúde mental (*Exame*).

Não ignoro esse problema sistêmico, que enfrentamos há décadas. Infelizmente já trabalhei com muitas pessoas que adoeceram e fizeram adoecer mental e emocionalmente ao longo de sua jornada como líderes. Já lidei com casos limítrofes que envolveram depressão, *burnout*, ansiedade, transtorno de pânico, ideações suicidas, entre outras situações de adoecimento causadas ou potencializadas pelas relações de trabalho (entre líderes e subordinados).

Também sei que vivemos em um tempo no qual essas discussões estão ganhando cada vez mais eco no ambiente corporativo, e por isso acredito que você, líder, faz parte de um grande mosaico de transformação que pode reorientar a rota dos seus líderes e equipes para uma gestão cada vez mais humanizada.

Por isso, a partir de hoje, comece a enxergar os conflitos de gerações e os conflitos interculturais como uma possibilidade de treinar a sua capacidade de liderança humanizada. O líder contemporâneo de excelência não é aquele que não experimenta conflitos na sua equipe e na sua gestão, mas sim o que desenvolve o papel de *maior articulador das diferenças*, como afirma o psicanalista Jorge Forbes. Isso significa que só poderemos nos afirmar como líderes humanizados e assertivos quando, de maneira humanizada e saudável, articularmos as diferenças da nossa equipe na direção dos resultados que queremos e precisamos atingir.

O desafio de liderarmos de maneira intercultural e intergeracional pode ser superado quando dedicamos tempo para desenvolver os alicerces, isto é, as raízes da nossa liderança.

CAPÍTULO 7

A SÍNDROME DE PETER PAN E O ALICERCE DA LIDERANÇA

A história de Peter Pan nos ajuda a entendermos um pouco sobre a angústia de muitos líderes ao longo de suas jornadas. Em uma versão extremamente resumida da história original, Peter Pan é o que podemos chamar de um pré-adolescente que fugiu para a Terra do Nunca porque tinha medo de crescer.

ENVELHECER É INEVITÁVEL, CRESCER É UMA ESCOLHA

Com a síndrome de Peter Pan, muitas pessoas nos dias de hoje, não querendo se responsabilizar pelas questões da vida adulta, continuam a estender suas adolescências, a fim de viver de maneira infantilizada e, por vezes, irresponsável. Não querem o ônus da vida adulta, querem o fluxo do prazer da vida sem compromisso, desejam experimentar prazer, poder e liberdade sem responsabilidade.

O que podemos aprender com isso que nos ajude e nos apoie a exercer uma liderança saudável?

Vamos recordar um preceito básico da liderança: *liderança é sobre pessoas*!

Ninguém lidera máquinas nem processos — podemos até chamar alguns cargos de líderes de projetos/processos, mas a natureza da liderança são pessoas. É na relação com o outro, e somente ali, que a liderança se desenvolve e tem o potencial de crescer e frutificar.

É por isso que, nos dias em que vivemos, um líder que não está buscando conhecer mais sobre gente, sobre relacionamentos interpessoais, sobre a subjetividade humana está fadado à mediocridade.

A NATUREZA DA LIDERANÇA = PESSOAS

Devido a essa natureza da liderança, e tendo clareza de que o ser humano é complexo, o melhor que podemos fazer para simplificar nossa ação de liderar é ter a consciência de que estamos conectando histórias, expectativas e propósitos.

Não existe nada mais engajador para uma equipe do que quando um líder consegue articular a história da empresa e as histórias das pessoas com suas expectativas e seu propósito.

Inteligência ou Maturidade Emocional?

Existe uma grande diferença entre inteligência emocional e maturidade emocional. A inteligência emocional está estruturada nos conceitos de Daniel Goleman, que por muito tempo tem discorrido sobre o tema de maneira muito consistente e relevante. Acontece que, sempre que participamos de um treinamento para desenvolvermos novas habilidades de gestão, nos deparamos com a aquisição de mais ferramentas que nos parecem muito úteis no início, mas que acabam abandonadas ao longo das próximas semanas. Eu já participei de muitas dezenas de treinamentos, trilhas, jornadas e imersões para o desenvolvimento de lideranças e confesso que já me esqueci da maioria das coisas que foram faladas.

Porém, nunca esqueci duas experiências de desenvolvimento de que participei em duas ocasiões enquanto trabalhava em uma multinacional no Brasil. De fato, saí dessas duas ocasiões sem nenhuma apostila ou material impresso, mas com a minha vida e liderança transformadas.

Um dia, um amigo me perguntou sobre o que ele precisava aprender para ter sucesso na vida, e eu lhe respondi: "Você precisa aprender como colocar em prática o que você já sabe". Digo isso porque talvez você seja um líder que está começando a carreira de gestão ou seja um líder que já trilhou uma grande jornada experimentando sucesso e desafios durante a sua vida. Contudo, independentemente de qual seja a sua condição hoje, uma coisa eu sei: o líder precisa estar aberto e receptivo a continuar aprendendo e colocando em prática sempre.

Entretanto, lembre-se de que não dá para treinar tudo!

Aprender a aprender é o lema de quem quer viver com propósito não só em sua liderança, mas na vida de maneira geral.

Um dos pontos fundamentais quando pensamos em alicerçar nosso crescimento está diretamente relacionado à nossa capacidade de assumir responsabilidades por nossas escolhas. Na minha prática clínica atendendo pessoas em diversas situações, inclusive inúmeros líderes que atuam em uma variedade de contextos (corporativos, sociais, religiosos/espirituais), percebi que as queixas mais recorrentes estão ligadas à dificuldade que temos em assumir a responsabilidade pelas escolhas que fazemos na vida.

Se existe um conceito máximo existencial é que a grande maioria das coisas que estamos vivendo neste exato momento, nós ou as *criamos*, ou *provocamos* ou *permitimos*.

Isso vai ficando cada vez mais claro à medida que nos abrimos ao autoconhecimento de maneira consistente e profunda. Vejo muitas pessoas reclamarem de coisas que estão acontecendo com elas, e, na grande maioria, sempre existe uma parcela de responsabilidade da própria pessoa, que, por vezes, tem dificuldade em reconhecer.

Pense na crise que vivenciamos por conta da Covid-19. Certamente você não criou nem provocou, muito menos permitiu que ela afetasse a sua vida, certo? Não sei! Podemos não ter sido responsáveis pela aparição do vírus no mundo, mas nos tornamos responsáveis por como reagimos a ele e a toda condição que ele impôs ao mundo.

Se fomos relapsos no cuidado, no distanciamento social, nos protocolos de prevenção, criamos, provocamos ou permitimos maior exposição e probabilidade de contrairmos o vírus e, assim, inevitavelmente sofreremos as consequências pelas escolhas.

Parafraseando o psiquiatra Viktor Frankl, autor do livro *Em Busca de Sentido*, a última das liberdades humanas é esta: que podemos escolher a nossa atitude e as nossas reações diante dos fatos que não escolhemos — isso já é uma escolha.

O filósofo Jean Paul Sartre diz que a questão não é o que fazem da gente, mas o que fazemos com o que fazem de nós. O que isso significa para um líder? Simples: a maneira como reagimos aos fatos que não controlamos determinará que tipo de líder seremos. Entretanto, todo o resto é escolha! Se reclamamos do nosso emprego, é escolha nossa, afinal, ninguém é obrigado a se candidatar a uma vaga; se houve pressão por parte de alguém, então, foi permissão, e você permitiu que aquela pressão afetasse a sua escolha, mas, ainda assim, é uma escolha.

Na trilogia do filme *Matrix*, muitos elementos filosóficos de autoliderança estão presentes, e a questão é sempre a mesma: a escolha. O processo de escolher é o que nos define como líderes, e isso inclui a fé em nossas escolhas, o quanto acreditamos em nós mesmos a ponto de nos lançarmos nesse lindo e complexo desafio de liderar.

Um dia, realizando uma consultoria em uma empresa, ouvi um líder reclamar que lá o problema era a alta gestão, que não apoiava os projetos necessários para melhorar o clima organizacional da empresa. Assim, ele dizia: "Vixe, aqui já tentamos de tudo, não tem jeito, não".

> Uma visão fatalista do futuro é mais cômoda de ser assumida do que a responsabilidade por modificar o presente para mudar o futuro.

Por vezes, colocamos a culpa pelas crises que vivemos em nossa liderança e em nossa vida nos outros, no sistema, na política, no cônjuge, e, sempre que o fazemos, perdemos oportunidades de crescermos e nos desenvolvermos.

> Sempre que você reclama da realidade que está vivendo, na verdade, está a reclamar das suas escolhas. Afinal, a grande maioria das coisas que vivemos durante a nossa jornada existencial nós criamos, ou provocamos ou permitimos.

Para liderar com eficácia e humanidade, você necessariamente precisa parar de culpar o mundo, a vida e os outros pela crise que você está vivendo. Liderar implica em se destacar dos demais, e isso nos leva a analisarmos mais um breve elemento implícito em qualquer liderança: a solidão do líder.

> Todo líder experimenta, em situações específicas, momentos de solidão e profunda angústia existencial. Poucos admitem isso.

Isso acontece porque o líder é aquele que não faz mais parte da massa, do todo. Ele, por algum motivo, se destacou, o que provoca inevitavelmente uma sensação de estar "ilhado", abandonado, em situação de solidão.

Por mais que ele busque acolhimento em amizades, construa uma rede de apoio, entre outras estratégias de enfrentamento a situações de adoecimento psíquico, é inerente a qualquer liderança a angústia da solidão.

Nós nos sentimos sós porque as decisões que precisamos tomar são intransferíveis do ponto de vista da responsabilidade. Quanto mais um líder estiver apegado ao mito do herói como arquétipo, mais solidão ele experimentará. Quanto mais ele quiser compartilhar a responsabilidade pelas decisões, menos ele vai liderar; infelizmente este é um ponto inversamente proporcional.

Vejo muitas afirmações clichês sobre a necessidade de passarmos por sofrimento para alcançar a maturidade. A verdade é que não existe maturidade sem tensão. É na tensão que nossa liderança é provada e aprovada. É nela que valorizamos todo investimento que tivemos no alicerce da nossa liderança. Normalmente, em uma construção, o alicerce equivale a um terço do custo de uma casa, e fica tudo embaixo da terra, não tem glamour, ninguém vê.

Assim, quero apresentar os quatro elementos do alicerce de qualquer liderança, em qualquer contexto, a qualquer tempo! É totalmente possível exercer uma liderança humanizada, saudável e de alta performance focando suas energias em apenas quatro competências essenciais.

Estas são as *essential skills* citadas anteriormente. Você pode avaliar qualquer líder de sucesso, em qualquer tempo e em qualquer contexto, e verá que ele teve ou tem estas quatro competências muito bem desenvolvidas.

Líderes medianos se concentram em uma infinidade de outras competências importantes, mas não tão essenciais quanto estas. Meu convite é que você mergulhe em desenvolver com muita constância estes quatro elementos — e todo o resto na sua liderança frutificará naturalmente.

VISÃO CORAGEM EMPATIA RESILIÊNCIA

Antes de nos aprofundarmos em cada um dos elementos essenciais, quero dar um panorama de como eles atuam alicerçando uma liderança humanizada de alto desempenho.

A **visão** torna o líder um exemplo de orientação. A **coragem** faz do líder um exemplo de evolução. A **empatia** transforma o líder em um exemplo de integração. Por sua vez, a **resiliência** faz com que o líder seja um exemplo de superação. Sem esses quatro elementos, você nem é líder.

Eles funcionam em uma hierarquia, por exemplo: pessoas muito corajosas, mas que não têm uma visão clara sobre a vida e sobre a sua liderança, são como aqueles inconsequentes motivados. Conhece alguém assim? Podem até se colocar em risco, se tiverem muita coragem mas pouca visão/clareza de propósito, que são as bases para um planejamento robusto dos seus projetos, sonhos e desejos.

Você se lembra do caso do padre que foi voar nos balões que acabou em um acidente fatal? Se investigar a história, perceberá que ele tinha muita coragem, mas a visão e o planejamento daquela aventura infelizmente estavam comprometidos. De alguma forma, o planejamento dele, a organização, os equipamentos, os recursos para fazer aquele tipo de atividade não foram suficientes para mantê-lo em segurança, e isso o colocou em um alto grau de risco, culminando em uma fatalidade.

Uma visão clara de onde queremos chegar nos ajuda a planejar todos os passos para alcançarmos nossos objetivos, seja como líderes ou mesmo na vida. Se temos muita coragem e pouca visão, também nos colocamos em risco, seja emocional ou de outra natureza.

Por isso, a visão vem primeiro. Precisamos ter clareza do que realmente queremos como líderes; clareza sobre os propósitos, a visão e a missão da empresa onde trabalhamos; visão do que precisamos ser e fazer para alcançar os objetivos e as metas. Entretanto, a visão não serve só para isso, mas também para alcançarmos a integração da equipe, e colocarmos em prática a nossa inteligência e maturidade emocional. Depois de termos essa visão muito clara, é necessário colocá-la em prática, nos desafiarmos, e é por isso que a coragem é a próxima na hierarquia.

É preciso ter coragem de fazer, de inovar, de ser tudo aquilo que sentimos que podemos ser. Ter coragem de, muitas vezes, admitir que não sabemos fazer algo e que precisamos aprender. Acho interessante que no exercício da liderança estamos, a todo momento, nos reinventando, principalmente em tempos como o nosso, com uma geração que também se move em mudanças e transformações constantes. É preciso ter coragem para enfrentar os nossos medos e seguir em frente mesmo quando as outras pessoas não acreditam que pode dar certo!

> **A coragem coloca a visão em ação. É a coragem que nos faz romper com nossas limitações e acreditar que podemos realizar os nossos sonhos.**

Depois da coragem, nessa hierarquia de elementos como alicerce de uma liderança humanizada, precisamos de empatia, pois normalmente a visão sempre é maior que nós mesmos.

A visão e a coragem são elementos intrapessoais, dependem daquilo que está em nós, de nossas referências, sonhos e objetivos. Já a empatia é o primeiro elemento interpessoal, e costumo dizer que tanto a empatia quanto a resiliência não são competências em si, mas elementos que, para serem manifestados na prática, necessitam de um conjunto de competências. A empatia, por exemplo, necessita de algumas competências muito específicas que vão ajudar o líder no exercício da liderança. Falaremos sobre isso de maneira mais profunda adiante.

Enquanto a visão diz aonde vamos chegar e a coragem nos faz agir nesta direção, a empatia nos revela com quem vamos ou quem nos apoiará a chegar lá! Toda visão é maior que uma pessoa. Sem empatia, nunca realizaremos a visão ou, se assim o fizermos, deixaremos um rastro de sofrimento para trás.

Lembre-se: estamos desdobrando os quatro elementos essenciais para uma liderança *humanizada* de alta performance.

Por último, como elemento de desfecho desse ciclo, precisamos exercitar a resiliência.

Por mais que tenhamos uma visão muito robusta e clara sobre onde queremos chegar; por mais que tenhamos coragem para colocar em prática e agir na direção dessa visão, tirar do papel e transformar nossos sonhos em ações, projetos e planos sobre a nossa liderança; por mais que consigamos integrar as pessoas nessa visão, nesse sonho, nesses objetivos e nessas metas, é certo que, muitas vezes, a jornada nos reservará surpresas, fracassos, perdas, frustrações. E, se não estivermos preparados para continuar acreditando, contornando e recomeçando na direção que acreditamos como líderes, iremos desistir.

Por vez ou outra, precisaremos repensar a nossa estratégia, por não estarmos tendo os resultados que esperávamos com as nossas ações. É necessária, então, a resiliência.

Eu costumo dizer que *resiliência é a arte de recomeçar, cada vez mais preparado*. Vou repetir: *resiliência, para mim, é a arte de recomeçar, cada vez mais preparado*!

Agora, que tal mergulharmos em cada uma destas quatro competências e detalhar como elas podem levá-lo a experimentar o sucesso de uma liderança centrada nas pessoas, humanizada e de alta performance?

VISÃO

Não existe liderança sem uma visão! Cabeça no céu e pés no chão!

O despertar de qualquer liderança surge quando se contempla um objetivo, uma meta, um sonho, um propósito, um alvo. A equipe é liderada pelo líder, mas o líder é liderado por uma visão. Esta visão é a sua bússola, o seu norte, a sua direção.

É impossível ter qualquer tipo de sucesso na vida se você não exercitar funções psicológicas como a imaginação (a raiz de fé, esperança, sonhos, objetivos, metas, desejos). Entretanto, o que imaginamos só se tornará parte da nossa realidade quando direcionarmos nossa energia criativa na mesma direção.

Direção é muito mais do que um gráfico de indicador pendurado no escritório ou fixado na mesa do líder. O líder sempre irá liderar na direção do próprio coração, assim, sem clareza da visão que o lidera, não existe liderança saudável! O sonho é só um sonho quando só se sonha! A visão implica em projetar a ação, e não apenas contemplar o sonho.

O líder executa sua liderança com as pessoas, mas quem lidera o líder? A visão.

Acredito que existe uma palavra que consegue resumir a ação de liderar, que consegue resumir o que é liderança, e que, digamos, seja o mínimo múltiplo comum de todos os conceitos sobre liderança, e esta palavra é: INFLUÊNCIA.

Várias referências importantes falam sobre isso. O livro *O Monge e o Executivo*, de James Hunter, e também o livro *Liderança 360 Graus*, de John Maxwell, mostram como a influência é a ação principal de qualquer líder. Ainda que sejam livros publicados há alguns anos, eles permanecem relevantes, pois a natureza da liderança ainda é a mesma, a saber, pessoas!

Você pode chefiar sem influência, mas é impossível liderar sem influenciar. Por quê? Liderança pressupõe influenciar pessoas. E de alguma forma, como líderes e exemplos, estamos sempre influenciando, estamos sempre "modelando".

Se agimos com comprometimento, a nossa equipe tende a se comprometer também. Se agimos com descaso em algumas situações, a nossa equipe nos tem por exemplo e tende a nos seguir.

O líder não funciona como um termômetro. Ele é o termostato. É ele quem define a "temperatura" da equipe; é ele quem vai definir a energia e o foco que a equipe precisa dar e ter para conseguir alcançar as metas e os objetivos.

Aliás, falando sobre visão, lembre-se: é a visão que lidera o líder. É a visão que você tem sobre liderança, sobre a empresa em que trabalha e sobre as razões do que faz, que realmente o lidera!

John Maxwell, autor de vários livros sobre liderança, diz que: "Quanto mais você investe na visão, mais ela se torna sua". As equipes, primeiro, provam o líder conforme a visão que ele tem sobre a atuação, sobre os objetivos, sobre as prioridades. Assim, é o líder que define, na prática, quais são as prioridades da equipe.

O discurso dele tem que estar muito alinhado com a prática. Como líderes, somos uma referência para a equipe; nós somos o exemplo do acolhimento, da empatia, da resiliência, da coragem e o exemplo da visão que representamos.

Temos que ter muito claro dentro de nós aonde queremos chegar e como chegaremos lá. Transmitir isso para a equipe de uma maneira didática é papel de todo líder.

Estamos a todo o momento influenciando e modelando, para o bem ou para o mal; ou agindo ativamente ou negligenciando a nossa ação. A todo momento, as pessoas e as equipes estão olhando em direção a nós, para saber qual será a nossa atitude.

A visão lidera o líder, e a equipe é liderada pelas atitudes, pelas palavras e pelas ações do líder. Quanto mais a visão dele estiver recheada de paixão, mais contagiante será. Essa paixão mobiliza a nossa energia para transformamos as pessoas, por intermédio das habilidades que temos. Por isso, dentro desse contexto, digo que é impossível influenciarmos se não tivermos uma visão contagiante para transmitir às outras pessoas.

Este é o "quem somos", a saber, como líderes, somos as pessoas que mais têm capacidade de influenciar os outros na direção dos propósitos que representamos. Sim, estamos representando propósitos, estamos representando uma história de uma empresa, que com certeza, dentro do seu contexto, teve muito investimento de energia, de sonhos e de trabalho de muita gente.

Estamos representando essas histórias, e é exatamente por isso que, quanto mais engajados estivermos, melhor vamos representar a visão desse lugar.

Um dia, me deparei com uma expressão, que era mais ou menos assim: "Visão sem ação é só um sonho. Ação sem visão é passatempo, é diversão. Agora, visão com ação pode mudar o mundo". E isso fez toda a diferença para mim, na minha jornada como um líder.

Compreendi, naquele momento, que precisava não somente sair fazendo as coisas; eu precisava principalmente ter uma visão de por que eu estava fazendo aquilo, de qual era o objetivo, aonde eu queria chegar, e mais: o que eu iria sentir quando chegasse lá!

Por várias vezes na minha jornada como líder, me coloquei a pensar: "Será que esta é a melhor maneira de chegar a este objetivo?"

E assim eu fui refinando a minha visão como psicólogo, a minha visão como líder, a minha visão como professor, como pai, como profissional etc. Isso foi gerindo também a minha carreira, os meus sonhos e os meus projetos.

Se isso tem poder de mudar o mundo — já que uma visão clara pode mudar a vida de uma pessoa —, imagine o quanto isso pode mudar a nossa ação de liderança. Se a cada momento nos conectarmos com uma visão maior, com algo maior do que nós mesmos; se deixarmos de lado o nosso ego e começarmos a compartilhar essa visão com entusiasmo; se nos tornarmos patrocinadores de uma visão de liderança saudável e humanizada, tenho certeza de que naturalmente iremos inspirar pessoas, simplesmente porque estaremos inspirados.

"Nós transbordamos o que somos em tudo o que fazemos!"
—BRANCA BARÃO

Repetirei quantas vezes forem necessárias: **a visão lidera o líder.**

E o grande papel do líder é vencer com as pessoas, é, junto com elas, caminhar rumo àquilo que almejam. Eu me lembro de um desenho animado da minha época de infância, que se chamava *Thundercats*.

Nos Thundercats, como na maioria dos desenhos, tinha os heróis e os vilões: do lado dos heróis, estavam Panthro, Lion-O, Cheetara, WilyKit, WilyKat, Snarf. Eu me recordo de que cada um tinha um poder especial, mas o interessante é que o poder do líder, Lion-O, era a Espada Justiceira, que lhe dava *visão* além do alcance. Você se lembra disso? *"Espada Justiceira, me dê a visão além do alcance".*

O poder do líder é a visão! Esta é a direção que precede a velocidade de ação! A pior coisa que podemos fazer é acelerar nossas ações se não tivermos certeza da direção em que estamos indo.

Esta competência precisa estar muito bem desenvolvida: o quanto sou visionário, o quanto busco fazer as coisas melhores a cada dia, o quanto me desafio a ser melhor e o quanto amplio a minha visão sobre aquilo que eu faço diariamente, cotidianamente, mensalmente, anualmente.

Como líderes, precisamos desenvolver uma visão holística, sair da visão "departamentalizada" para uma visão mais sistêmica, a visão do todo, da empresa, do mercado, daquilo que nós fazemos com as pessoas. Se estou alienado, só enxergo minhas tarefas; porém, ao entender que o que eu faço aqui afeta o cliente, ainda que eu não tenha contato direto com ele, automaticamente ampliarei os propósitos do que eu realizo e das minhas entregas.

O que a sua equipe faz afeta o "todo", ainda que não tenha contato com o todo. Por isso, este é o grande desafio: vencer com as pessoas depende de líderes que realmente desenvolveram a sua visão sobre liderar. Visão sem ação é só um sonho. Ação sem visão é diversão, passatempo. Agora, *visão com ação pode mudar o mundo.*

Comece mudando o seu mundo como líder e você vai perceber que realmente é possível mudar a vida de pessoas por intermédio da sua liderança.

Saiba que, nesse contexto, é necessário olhar para as pessoas que nós lideramos e saber que, muitas vezes, elas não acreditam em si mesmas. Nosso papel como líderes é acreditar que podemos inspirá-las a acreditarem no potencial e no talento que elas têm e conduzi-las, lapidando esse potencial e esse talento, até que eles se tornem visíveis para todos, inclusive para a própria pessoa. Nesse ponto, a nossa visão muda a vida dela!

Sem uma visão clara, a angústia aumenta!

Por vezes, afirmo que qualquer liderança, em qualquer contexto, tem a sua dose de solidão. Por isso, quanto mais nítida, clara e congruente é a visão do líder sobre si mesmo, melhor e mais assertiva é a sua liderança, minimizando assim os impactos emocionais inerentes a esses cargos.

> A visão que habita o líder é o único elemento capaz de liderá-lo! Sem uma visão clara sobre si mesmo e sobre sua liderança, você é apenas um tarefeiro.

Aguçando nosso olhar e reaprendendo a ver

Olhar e ver são diferentes. O primeiro diz respeito à ação de dirigir os olhos para determinada pessoa, objeto ou situação, sem que necessariamente exista alguma intencionalidade no ato.

Ver é diferente. Implica intenção, interesse e capacidade de compreensão. Ver é a ação de encontrar o que está por trás daquilo que se olha. Ver vendo — enxergar as oportunidades nas entrelinhas dos problemas, das crises e dos fracassos — é um desafio para os líderes no século XXI. Também é necessário integrar as ações e as visões corporativas, o que parece óbvio, mas não é.

Desdobrar a filosofia, a visão, a missão e os valores da sua empresa traduzindo-os em comportamentos observáveis e posteriormente em cultura organizacional é a única forma de transformar uma visão em realidade.

A seguir, vai um texto legal sobre percepção — ver vendo!

Ver Vendo, de Otto Lara Rezende

... De tanto ver, a gente banaliza o olhar... Vê não vendo... Experimente ver pela primeira vez o que você vê todo dia, sem ver... Parece fácil, mas não é... O que nos cerca, o que nos é familiar, já não desperta curiosidade... O campo visual da nossa rotina é como um vazio... Você sai todo dia, por exemplo, pela mesma porta...

Se alguém lhe perguntar o que você vê no seu caminho, você não sabe... De tanto ver, você não vê... Sei de um profissional que passou 32 anos a fio pelo mesmo hall do prédio de seu escritório... Lá estava sempre, pontualíssimo, o mesmo porteiro... Dava-lhe um bom dia e às vezes lhe passava um recado ou uma correspondência... Um dia o porteiro cometeu a descortesia de falecer... Como era ele? Sua cara? Sua voz? Como se vestia? Não fazia a mínima ideia...

Em 32 anos, nunca o viu... Para ser notado, o porteiro teve que morrer... Se um dia no seu lugar estivesse uma girafa, cumprindo o rito, pode ser que também ninguém desse por sua ausência... O hábito suja os olhos e lhes baixa a voltagem... Mas há sempre o que ver... Gente, coisas, bichos... E vemos? Não, não vemos... Uma criança vê o que um adulto não vê... Tem olhos atentos e limpos para o espetáculo do mundo...

O poeta é capaz de ver pela primeira vez o que, de tão visto, ninguém vê... Há pai que nunca viu o próprio filho... Marido que nunca viu a própria mulher (e desconhece os seus segredos e desejos), isso existe às pampas... Nossos olhos se gastam no dia a dia, opacos... É por aí que se instala no coração o monstro da indiferença...

CORAGEM

O líder sabe que a visão muitas vezes amedronta. Assumir a liderança é enfrentar medos, temores, angustias e até rejeição. Sem coragem para tirar a visão do papel e transformá-la em projeto e ação, tudo não passará de uma semente lançada no vento, um sonho ou até mesmo um devaneio.

A coragem para assumir riscos, enfrentar os desafios da exposição inerente a qualquer liderança e superar os medos assumindo a responsabilidade pela visão é a segunda competência essencial para o liderante, sem a qual nada evolui, nem a visão, nem o líder.

No processo de humanização da liderança, apoiar os líderes a reconhecerem e enfrentarem seus maiores medos e angustias traz a sustentação necessária para potencializar os talentos nas empresas. Sem coragem, não existe liderança.

Coragem é a segunda competência essencial para o exercício de uma liderança de excelência em qualquer contexto, em qualquer tempo, em qualquer lugar.

É importante reconhecermos que coragem não é ausência do medo, mas sim a sua superação. Existem no mínimo quatro medos estruturais que assombram um líder, em maior ou menor grau.

Alguns desses medos, muitas vezes, estão bem explícitos; outros, um pouco encobertos, mas todos aparecem em determinados momentos da vida e do exercício da liderança. E por que vamos falar sobre isso? Porque há uma tendência a nos tornarmos líderes camaleões. O camaleão se camufla para sobreviver, se "dilui" na paisagem, como estratégia contra os predadores e também para conseguir alimento.

Diversas vezes, encontramos líderes que fazem a mesma coisa, evitam conflitos que são necessários para o exercício da sua liderança e buscam agradar a todos. É como candidato político em ano de eleição, que faz promessas sobre tudo e para todos, mas infelizmente não consegue cumpri-las.

Liderança não é isso. Liderança tem a ver com conseguirmos usar o potencial da equipe e as habilidades de todos os membros na direção da realidade que desejamos criar e de objetivos e metas que precisamos atingir. É por isso que precisamos enfrentar os nossos medos.

Medo 1 — Não Ser Bom o Suficiente

O primeiro medo de todo o líder é o de não ser bom o suficiente, e por isso ele acaba tendo o foco na aprovação, e não no crescimento. Este é um medo muito presente em quase todos os seres humanos; nos boicotamos e nos autossabotamos. A pergunta é: por quê?

De alguma maneira, nos tornamos reféns da opinião das pessoas.

Precisamos ter coragem para exercer nosso papel na liderança e coragem para enfrentar as expectativas dos outros; só assim superaremos este medo de não ser bom o suficiente. Neste contexto, a "vaca sagrada" da perfeição faz a sua festa particular.

Engavetamos muitos projetos e ideias por conta deste medo que, como já comentamos, na maioria das vezes, está estruturado na baixa tolerância à frustração.

O julgamento das pessoas que conhecemos bloqueia a nossa coragem e nos impede de realizarmos os desejos que estão intimamente ligados à nossa felicidade.

Então, se amar, se conhecer, buscar esse processo de autoconhecimento e ultrapassar as expectativas do outro, sendo o seu melhor a cada dia, vai libertá-lo deste medo.

Medo 2 — Rejeição

O segundo medo estrutural na liderança é o medo da rejeição. Culturalmente somos orientados por desempenho, e não por propósito, então, nosso foco desde a infância são as notas, e não o aprendizado, na escola, na universidade, no trabalho e na vida.

Todos os bimestres, a minha filha vem me mostrar as notas, e sempre a parabenizo pelo desempenho, que quase sempre é muito bom, mas logo em seguida engato uma pergunta: Suas notas estão muito boas, mas me conta agora: *o que você aprendeu neste bimes-*

tre? Depois pergunto: *por que você acha que teve que aprender isso? Como você acha que isso vai te ajudar na vida?*

Isso é coisa de pai psicólogo, mas a verdade é que, se fôssemos preparados na infância para focarmos o aprendizado, e não apenas as notas, estaríamos muito mais preparados para enfrentarmos este medo que paralisa milhares e milhares de líderes em todo mundo.

Infelizmente nosso foco está no diploma, e não na formação. Na empresa precisamos desempenhar e, muitas vezes, performar em um nível bem alto. A questão é que se colocamos o foco somente nas "notas", alimentamos inconscientemente o medo de rejeição, afetando o potencial criativo. O medo da rejeição é um medo estrutural na nossa psique. Ele ronda a nossa vida desde que nós nos conhecemos por gente, desde as primeiras memórias da nossa infância.

Como líderes, temos medo da rejeição da nossa equipe, de nos julgarem incapazes e até nos boicotarem.

Como é que fazemos para vencer o medo da rejeição?

Precisamos desenvolver autoconsciência, abertura e receptividade. Se não estivermos abertos para sermos criticados, se não desenvolvermos abertura para sermos orientados a receber *feedbacks* difíceis, seremos sempre reféns deste medo.

Medo 3 — Inveja

O terceiro medo presente na liderança é a inveja. O interessante é que este medo fica muito encoberto nos líderes, mas pode causar conflitos intrapessoais e até interpessoais. O líder vai ter que enfrentar a inveja!

É aquela ideia de que "quanto mais eu crescer, quanto mais eu ascender como líder, mais terei que provar o meu valor". Muitos têm medo de serem julgados por estarem ascendendo, não por conta do seu desempenho e da sua performance, e sim por ter algum favorecimento por parte de alguém influente (amigo e parente).

Muitos líderes temem não conseguir lidar com a inveja de outros que também desejavam estar onde eles estão; temem ser questionados pelos seus méritos: "Ah, ele foi promovido porque é amigo do fulano ou parente de sicrano". Isso, gradativamente, desqualifica os méritos que demoramos algum tempo para construir. Temos esse medo muito escondido em nós, o que faz com que não consigamos identificar formas de superá-lo. Passamos a inibir nosso potencial para não parecermos arrogantes ou prepotentes.

Enfrentar este medo também é um desafio para o líder. No entanto, colocar isso debaixo dos panos faz com que alimentemos os sentimentos contra a nossa equipe ou contra as pessoas, e certamente isso não será saudável para nenhum dos lados.

Medo 4 — Exposição

Por último, e aí sim um medo muito presente e explícito nos líderes, o medo da exposição. Temos medo de estarmos expostos aos outros; temos medo dos julgamentos acerca do que eu pensamos; medo de parecermos incompetentes; medo de falar em público e "pagar algum mico"; medo de gaguejar; medo de sermos ridicularizados; medo de estarmos em evidência; medo de falar alguma besteira diante de pessoas importantes...

Quando nos destacamos, saímos do anonimato, nos transformamos, somos promovidos à liderança, muitas vezes continuamos nos posicionando como um membro da equipe. Isso é ser tirano com a gente; é um medo que bloqueia todo o nosso potencial como líderes.

Para superar o medo da exposição, nada melhor do que se expor.

É como superar o medo do escuro: se não o enfrentarmos, não conseguimos superá-lo. Algumas dicas são importantes nesse processo.

Prepare-se. Sempre que tiver que se expor em uma reunião ou apresentação, dar uma opinião em um grupo de WhatsApp, pense e organize as suas ideias. Então, exponha suas ideias e se dedique ao que você pode controlar, que é o planejamento sobre o seu desempenho.

Mas você não pode controlar a interpretação das pessoas, então, simplesmente aceite-as. É isso mesmo, aceite aquilo que você não pode controlar. E quando você errar? Perdoe-se. Você só conseguirá desenvolver todo o seu potencial e sair do anonimato na liderança se também desenvolver o seu amor-próprio. Este sim, é um processo de desenvolvimento de maturidade emocional.

Vulnerabilidade

Com certeza a Brené Brown desdobrou este tema de uma maneira tão admirável e singular, que seria chover no molhado tentar trazer mais luz a esse conceito. No entanto, articular a vulnerabilidade no contexto das lideranças contemporâneas ainda é um tabu.

Costumo dizer que se colocássemos em prática os conhecimentos que já temos sobre liderança, se nos dedicássemos realmente a usá-los em nosso dia a dia, estaríamos vivendo em um mundo muito mais acolhedor.

Sim, na minha opinião, vivemos dias de inospitalidade, que culminam em uma poderosa avalanche de desgastes emocionais experimentados no trabalho, na família, nas comunidades eclesiásticas, entre tantos outros ambientes que deveriam incluir e acolher, mas que excluem e ferem.

Isso acontece porque, em algum momento da nossa história, nos deixamos levar pelo fascínio do poder. Explico: o fascínio poder está relacionado à neurose de controle, atribuída a uma falsa sensação de segurança existencial. Tentamos controlar a nossa vida, os outros e o futuro, mas, como já dizia nossos compositores Toquinho e Vinícius De Morais, na música "Aquarela":

> E ali logo em frente, a esperar pela gente, o futuro está
> E o futuro é uma astronave que tentamos pilotar
> Não tem tempo nem piedade, nem tem hora de chegar
> Sem pedir licença muda nossa vida, depois convida
> a rir ou chorar
> Nessa estrada não nos cabe conhecer ou ver o que virá
> O fim dela ninguém sabe bem ao certo onde vai dar
> Vamos todos numa linda passarela
> De uma aquarela que um dia, enfim, descolorirá

Não consigo explicar com maior profundidade a vulnerabilidade se não for a partir dessas palavras musicadas por esses poetas.

A vida e a liderança são um chamado à coragem. É inevitável o confronto dos nossos medos. Se por um lado eles trabalham para nos proteger, por outro, quando rompemos em fé e ousadia, conquistamos novos limiares de realização.

A vida é um chamado à coragem, pois viver é, constantemente, crescer em direção ao que se deseja. A liderança é um ato de coragem, pois todo líder, quando compelido e impulsionado por uma visão, descobre em si a mais pura das suas características, a pepita de ouro, o diamante lapidado: sua indomabilidade.

Um líder de alto desempenho encontrou nos seus medos o seu chamado e o transformou em um espírito indomável que o leva a experimentar uma vida realmente extraordinária, não porque ficou rico e famoso, mas porque descobriu um universo de possibilidades dentro de si.

O futuro é incerto, e tentamos controlá-lo. A reação das pessoas frente às nossas decisões também é incerta. Por mais que você tente controlar muitas coisas, dificilmente terá garantias de sucesso. Ninguém sabe ao certo como será no fim, mas uma coisa tenho clareza a partir da minha prática clínica: no fim, muitos se questionam por que não tiveram coragem para fazer o que tanto desejavam.

Tenha coragem para evoluir. Isso mesmo, somente quando um líder rompe em coragem, ele se torna, enfim, um exemplo de evolução.

Alguns pontos de observação diante dos medos inerentes no contexto da liderança:

1. Aprenda com os seus sentimentos. Eles têm mais a dizer para você do que você para eles.
2. Dê nome aos seus medos e enfrente-os mesmo que sinta que não está preparado. Depois de anos, você vai perceber que nunca estará.
3. Não disfarce os seus medos. Cinismo, sarcasmo, ironia são excelentes disfarces. Arranque essas máscaras.
4. Muitas vezes a sua exposição é a sua maior proteção. Esconder-se ou represar as demandas emocionas produzidas pelos seus medos é uma péssima maneira de lidar com suas limitações.
5. Como líder, sempre recompense a coragem dos que se expõem com verdade, e não os que se expõem por exibicionismo. Quem expõe as vulnerabilidades com verdade é quem aprendeu a confiar em você.
6. Não existem líderes destemidos. O que existe são líderes que enfrentam os medos.
7. O seu valor não é medido pela coragem que você tem, e sim por quem você é na sua totalidade. Não superestime a coragem.

EMPATIA

Alguns líderes estão liderando hoje com a cabeça de décadas atrás. Ser líder no século XXI é diferente de ser um líder relevante para a atualidade.

Existem competências que os desafios multiculturais exigem dos líderes de alta performance para o novo milênio e, entre elas, está a empatia. Pobre e medíocre é a cultura que julga a maturidade e competência de uma pessoa pela roupa que ela veste, pela cor de cabelo que ela usa, pela orientação sexual dela. Sermos empáticos implica em sermos seguros o suficiente sobre quem somos, para garantir ao outro o direito de ser quem ele é sem nossas inferências preconceituosas. Olhar as capacidades de sua equipe é infinitamente mais relevante do que olhar os elementos estéticos dela.

Um dos maiores desafios do líder intercultural é se despir de preconceitos, desaprender o olhar e aprender a ver! Ver implica inteligência, intenção e humildade. Treine sua empatia — ela é como um músculo!

É necessário desconstruir o conceito popular de empatia. Para começar, precisamos entender que empatia é um termo muito caro para a psicologia; já são décadas de estudos e aprofundamento sobre o tema, então, o que você vai ler nas próximas páginas certamente lhe dará uma nova perspectiva sobre a empatia presente em lideranças humanizadas de alta performance.

Para começar, empatia precisa ser intencionalmente exercitada, como um músculo, que, para crescer e ser saudável, precisa de treino e investimento. Ser empático não é ser simpático! Falaremos da atitude empática, pois, na verdade, é muito difícil ser empático a todo momento. Muitas vezes conseguimos ser empáticos em algumas situações, e em outras não.

Empatia não é se colocar no lugar dos outros e também não é permissividade. Por que eu estou falando isso? Porque muitas vezes confundimos essas coisas. E eu sei que popularmente escutamos que "empatia é se colocar no lugar do outro".

Então, quero lhe fazer uma pergunta: qual dor de cabeça dói mais, a minha ou a sua? É claro que você vai responder que é a sua, se estiver doendo; e eu responderei que é a minha, se estiver doendo em mim. É impossível se colocar no lugar dos outros, porque dois corpos não ocupam o mesmo espaço no Universo — isso é uma lei da física.

Mas, brincadeiras à parte, também é impossível psicologicamente nos colocarmos no lugar do outro, porque o outro tem histórias e vivências muito exclusivas, afinal, cada ser é único em toda a sua existência. Isso fará com que ele interprete cada uma das situações de acordo com essas histórias, significados, sentidos e com o seu momento emocional.

Empatia é muito mais que tentar se colocar no lugar do outro. Mas o que é empatia então? Pensando na liderança, eu quero dizer que empatia na prática é a *aceitação positiva incondicional do outro e o exercício da escuta especializada*. Perceba que não é uma questão simplesmente sentimental/emocional; é uma questão técnica, de acolhimento e humanização, que podemos exercitar para transformar, potencializar a cada vez, o exercício da nossa liderança.

Vamos falar então de aceitação positiva incondicional do outro e escuta especializada.

Aceitação positiva incondicional — O DESAFIO

Este é o desafio para aceitarmos o outro como ele é e como ele se apresenta dentro das escolhas que fez, dos sentimentos que está experimentando, da percepção que tem sobre a nossa liderança e sobre a equipe, do desafio dentro da empresa e da carreira dele. E isso só é possível se, como líderes, suspendermos os nossos julgamentos e preconceitos, como também as nossas projeções e comparações.

Independentemente do que o outro escolheu, de para que time que ele torce, da orientação sexual, do conjunto de ideias e valores que ele tem na vida, eu tenho que ter uma atitude de aceitação positiva dele.

Se eu não tenho essa atitude, já estou enviesado no meu julgamento e desenvolverei simpatia ou antipatia, mas não vou conseguir estruturar a empatia na relação.

Mas o que é isso? Vamos lá. Suspender os nossos julgamentos e preconceitos tem a ver com estarmos abertos ao que o outro é, como ele se apresenta, respeitando e valorizando as escolhas que ele fez.

É necessário que nós, então, suspendamos os nossos prejulgamentos, para que possamos nos "encontrar" com o outro da maneira mais pura possível e, a partir daí, seja em uma conversa, em um *feedback*, em uma orientação, em uma reunião, agirmos empaticamente. Ter uma visão positiva da outra pessoa vai ser fundamental para que o líder consiga desenvolver sua liderança empática.

Também é necessário que o líder não faça projeções sobre a outra pessoa na tentativa de impor opiniões, ideias ou interpretações do que ela está passando.

Temos uma tendência a aconselhar impondo a nossa visão sobre o mundo e sobre as situações, mas um líder empático provoca reflexões no outro, e não oferece respostas mastigadas e prontas para serem engolidas. Afinal, essas projeções podem prejudicar e enviesar o outro para fazer as escolhas que o líder fez, e que não necessariamente são as melhores para ele.

Outro ponto importante quando estamos desenvolvendo uma aceitação positiva incondicional do outro é não fazer comparações. Na busca por uma atitude empática, as comparações são extremamente prejudiciais: "Olha, mas o fulano fez isso..."

Muitas vezes, isso acontece dentro das famílias quando comparamos os filhos: "Sua irmã que é inteligente/estudiosa", "Seu irmão que é simpático" ou "Você só me dá trabalho... por que você não é como o seu irmão?".

Esse tipo de abordagem compromete um diálogo saudável e projeta no outro a nossa expectativa através de comparações, muitas vezes aumentando a probabilidade de rivalização e conflitos.

O efeito emocional a longo prazo é muito danoso, produz sofrimento e desqualifica a pessoa em situação de vulnerabilidade.

No livro *O Ser da Compreensão*, Monique Augras afirma que *cada pessoa é a medida da sua própria normalidade*. Parafraseando-a, cada pessoa é a medida da sua própria competência/desempenho, e cabe a nós, líderes, avaliarmos se essa competência está alinhada com aquilo que nós esperamos como equipe para as entregas e os resultados. Evitar as comparações entre os colaboradores faz do líder alguém que realmente está no caminho de desenvolver uma atitude empática.

Escuta Especializada

Escuta especializada é a postura que adotamos diante de uma conversa. Ouvir com atenção e falar com intenção significa interromper o mínimo possível enquanto alguém está falando e escutar sem medo, tentando entender a situação antes de julgar (isso é um treino mental que, quanto mais você faz, mais habilidoso fica). Temos uma tendência a julgar sem compreender as situações, porque julgamos sempre a partir de nossa realidade, valores, crenças, ideias etc. Assim, quanto menos interrompermos, mais o outro se sentirá acolhido.

> **O fato de você ficar ouvindo não significa que você está concordando. Ouça sem medo!**

"O ato de ouvir exige humildade de quem ouve. E a humildade está nisso: saber, não com a cabeça, mas com o coração que é possível que o outro veja mundos que nós não vemos". —RUBEM ALVES

A presença consiste em eliminar o máximo de distrações possíveis quando for ter uma conversa com um funcionário, independentemente das necessidades que o cercam. Se não puder falar naquele momento, marque para quando puder estar 100% presente.

Confirme o que entendeu, fazendo perguntas do tipo: "O que estou entendendo é que...", e então diga o que entendeu, para certificar-se de que o outro conseguiu se expressar de maneira assertiva; senão, dê-lhe outra chance para se explicar. (Fazer essa pergunta evita uma avalanche de sentimentos e mal-entendidos, favorecendo, assim, a sua liderança).

Guarde esta fórmula:

Empatia = (presença + sensibilidade) – preconceitos

Esteja presente com sua equipe. Seja sensível ao que eles estão falando, muitas vezes indiretamente, subtraindo de si mesmo os preconceitos. Assim, um líder mais bem preparado para os desafios dos nossos dias surgirá de dentro de você.

Os melhores líderes contemporâneos são aqueles que mais conseguem articular as diferenças para a direção dos objetivos da equipe. Isso sempre exigirá da liderança uma postura aberta e receptiva que certamente potencializará o fortalecimento de vínculos entre o líder e todos os membros da equipe.

Imagine que você vai precisar dar um *feedback* difícil ou ter conversas difíceis com a sua equipe ou com algum membro dela, talvez algum outro líder sobre quem você tem responsabilidade hierárquica. Nesse sentido, tenho dicas práticas importantes para você:

Ouça com atenção e fale com intenção

Escolha um local que garanta privacidade, para que a pessoa não se sinta exposta, acuada e, de alguma forma, venha a usar isso contra você. É importantíssimo que ela entenda que é o seu dever como líder "puxar" essas conversas e dar o *feedback*, que você precisa fazê-lo, mas da maneira mais respeitosa possível.

E isso começa na preparação do local, planejando onde você, como líder, pode conduzir essa conversa. Não necessariamente tem que ser em uma sala fechada, como se fosse um interrogatório de alguém suspeito por um crime; um ambiente acolhedor ajuda, e muito, nas conversas difíceis.

Planeje a conversa, não vá para lá pensando: "Quando chegar na hora, eu vou saber o que dizer". Planeje, em respeito a você, ao cargo que ocupa, e em respeito ao outro. Organize a conversa, para que possa extrair o melhor possível daquele encontro. Defina o objetivo da conversa.

Se for uma demanda espontânea (a pessoa o procurou para ter uma conversa), então, você tem que ter uma atitude aberta e receptiva ao que ela está falando e às razões pelas quais deseja falar com você.

Certifique-se de que você entendeu o que a pessoa disse. Algumas perguntas são essenciais, por exemplo: "Bom, o que eu estou entendendo do que você está falando é... compreendi bem?"

Repita aquilo que você entendeu, para que a pessoa se certifique também de que você está compreendendo a demanda dela.

Interrompa o mínimo possível, evite o uso de celular. Muitas vezes, estamos fazendo várias coisas e falamos para o outro: "Vai falando aí, que eu estou te ouvindo, viu?"

Um dos maiores desafios deste século é a *presença*. Estamos conectados com tantos estímulos e tanta tecnologia que as distrações se tornaram um mal hábito. Estar presente quando estamos com outra pessoa se tornou um dos maiores diferenciais nas relações humanas. Quantas vezes você já saiu para um jantar especial com uma pessoa especial e, por vários momentos, ficou ausente do encontro para desfrutar das redes sociais no celular?

Se quiser aprender sobre presença e sobre o poder dela na vida de um líder, assista ao filme *Um Lindo Dia na Vizinhança*. Ele é uma lição de empatia e presença do começo ao fim.

Exercite fazer menos afirmações e mais perguntas para ampliar a sua compreensão. Quando a pessoa está falando algo com que não concordamos, a nossa tendência é interromper e já fazer uma afirmação do tipo: "Mas não é assim, na verdade aconteceu assim, assim e assim".

Você pode fazer perguntas para ampliar a sua compreensão. Por exemplo: "Ah, ok. Então, pelo que eu estou entendendo, você, nessa situação, acredita que fulano falou aquilo porque ele não gosta de você ou porque ele está tentando te prejudicar. É isso?" Assim, você faz uma pergunta a respeito da compreensão dele da situação, e não afirma algo. Isso é importante, pois ajuda o outro a também ampliar a compreensão dele sobre as coisas que está falando ou sentindo.

Para fechar essas dicas, lembre-se de usar exemplos reais ou metáforas de fácil compreensão. Isso ajuda o outro a ampliar a própria compreensão e percepção sobre as atitudes que ele está tendo, sobre o comportamento dele e sobre outras situações que ele está vivenciando. Em uma conversa difícil, é importantíssimo que você tenha alguns exemplos reais e claros, como: "Olha, você fez isso, você fez aquilo... eu vi que nesse momento você precisava ter entregado isso e você entregou outra coisa, comprometendo os nossos resultados. É importante que você tenha atenção nos pontos A, B, C..."

Quanto às metáforas, você pode usar uma história, pois o nosso cérebro não está preparado para se defender de boas histórias e metáforas. Se vai ter uma conversa difícil e acha que o outro já está "armado" contra os seus argumentos, use metáforas. Elas podem ser replicadas em várias situações nesse processo de aprendizagem e desenvolvimento do outro. A metáfora se fixa na memória com muito mais facilidade, apoiando você, como líder, na melhoria da sua comunicação.

No processo de escuta especializada, existe uma técnica interessantíssima e muito utilizada na análise de discursos. A técnica RCO nos ajuda a focar pontos que ampliam nosso potencial comunicativo quando estamos liderando. RCO é um acrônimo de *repetição, contradição, omissão*.

Quando começamos a treinar o nosso cérebro para ouvir as estruturas que estão presentes na fala, ampliamos exponencialmente nossa habilidade e assertividade na comunicação.

Esteja atento para identificar estes elementos:

1: Repetições

Como seres humanos, usamos, na grande maioria das vezes, a linguagem oral para nos expressarmos e acabamos por repetir alguns padrões na nossa fala e no nosso discurso. Quando treinamos o nosso cérebro para esta competência, passamos a desenvolver de maneira refinada a escuta mais especializada.

As repetições são elementos em nossa fala que revelam estruturas emocionais que se repetem em diversos contextos, mas que estão ligadas por um único fator. Explico: quando alguém vem se queixar para você, por exemplo, dizendo: "O meu pai é uma pessoa difícil...", depois diz: "O meu chefe é difícil, porque ele não me compreende...", e então: "Estou tendo um problema com o meu professor de idiomas, pois ele age de um jeito...".

Qual repetição está presente nessas queixas? O problema é que a pessoa que apresenta as queixas está com dificuldades em se relacionar com pessoas que representam uma figura de autoridade para ela. Existe uma estrutura psíquica que sustenta as queixas. Aqui, perguntas interessantes que podem ser feitas são: "Você percebe que a sua queixa está sempre relacionada com uma figura de autoridade? Você percebe que talvez não esteja tendo dificuldades com essas pessoas em si, mas com a imagem de autoridade que você projetou nelas?".

2: Contradições

As contradições podem estar presentes na fala ou nas atitudes do outro. Por exemplo, às vezes, a pessoa diz: "Nossa, eu estou sem tempo pra nada, estou na correria... olha, não dá tempo para fazer tudo, são tantas coisas que tenho que dar conta...", mas você percebe que ela está lá jogando conversa fora, chega atrasada, vive no celular, entre outras coisas. A queixa dela se contradiz com a atitude, ou a contradição está no próprio discurso, quando a pessoa diz não ter tempo para dar conta dos projetos e das entregas, entretanto tem dificuldades para justificar como preenche a carga horária dela, quais tarefas realmente ela executa e quanto tempo leva para executar essas tarefas. A queixa se contradiz com a falta de argumentação plausível.

Algumas perguntas que facilitam o *feedback*, quando você identifica uma contradição em uma conversa: "Você percebe que disse "X" com relação a esse assunto, entretanto vejo você fazendo o contrário?"; "Você me disse não ter tempo, mas não consegui entender como tem preenchido sua agenda...". Como líder, você não precisa usar ironia ou sarcasmo; pode apenas apontar as contradições ou perguntar se o outro consegue percebê-las. Aqui, fique também atento à interculturalidade, pois a linguagem oral é uma das vias pelas quais ela se manifesta e, eventualmente, pode gerar desentendimentos ou ruídos. O significado das palavras, para algumas pessoas, é diferente do significado para outras!

3: Omissões

Usamos muito essa estrutura quando queremos contar um fato ou precisamos nos justificar. Por vezes, omitimos parte da história para, de alguma forma, nos livrarmos da responsabilidade quando alguma coisa não sai com esperávamos.

Uma pergunta importante que pode ser feita é: "Você não me falou sobre esses pontos que também fazem parte deste assunto. Você poderia me contar um pouco mais sobre como estão esses outros pontos?"

Isso faz com que a pessoa também compreenda que você não está ali apenas escutando-a despejar informações; você está atento ao que ela não está trazendo e que, muitas vezes, é importante. Para podermos ter *feedbacks* e conversas difíceis de maneira assertiva, precisamos estar atentos a essas estruturas, manejando-as para melhorar nosso repertório de comunicação.

Não se adquire essas habilidades da noite para o dia, entretanto, quanto mais treinar, mais desenvolverá a sua atitude empática, promovendo conversas acolhedoras e humanizadas.

Agora, reforçando a ideia do que não é empatia:

NÃO é se colocar no lugar dos outros.
NÃO é permissividade.

Muitos líderes têm medo de ter conversas difíceis, medo dos conflitos interpessoais; acreditam que permitir tudo ao colaborador é também uma forma de o colaborador aprová-lo como líder.

Permitir tudo e concordar com tudo não é empatia, é permissividade e negligência na gestão. Todo líder tem o dever de se posicionar de maneira assertiva diante dos conflitos: saber dizer não, estabelecer os limites, propor novas maneiras de pensar são parte do papel do líder.

A permissividade gera uma falsa sensação de conexão com as pessoas. Passamos a acreditar que elas serão gratas por sempre concordarmos com elas, mas, na verdade, estamos edificando a nossa liderança em um solo arenoso e instável, que comprometerá nossa identidade como líder.

A permissividade é um esconderijo tóxico para qualquer líder.

Empatia e Comunicação

A comunicação teve e tem papel fundamental em nosso desenvolvimento, e se tornou pauta para a melhoria contínua das relações humanas. Somos naturalmente violentos e potencialmente pacíficos.

A maturidade emocional passa pelo desenvolvimento real do nosso processo de comunicação, não simplesmente o que comunicamos com o outro, mas o que comunicamos a nós mesmos, com nossos pensamentos, sentimentos e ações. A linguagem sempre foi a principal característica de qualquer cultura, e o desafio é ampliar a nossa percepção e a das nossas equipes sobre as diversas linguagens que compõem a comunicação.

Aprender a auto-observação, sensibilizar nosso olhar para com o outro e desenvolver uma escuta especializada que lhe permita potencializar a empatia o levará a um novo nível de qualidade nas relações interpessoais, impulsionando também a realização pessoal e profissional.

Os resultados são desde o autoconhecimento e a autenticidade até a transformação de conflitos em conexões interpessoais positivas, o que afeta positivamente o desempenho pessoal e profissional de cada um.

Com certeza você já provou que liderar pessoas e equipes é um desafio que exige muito de nós. Pois é exatamente por isso que temos a necessidade de desenvolvermos a empatia, construindo, assim, um ambiente favorável para a criatividade, o engajamento e a superação.

Os grandes líderes da atualidade são praticamente unânimes em afirmar que uma das competências mais importantes para os líderes contemporâneos é a empatia. Quanto mais desenvolver a empatia a partir dessas premissas, maior será seu nível de liderança humanizada e de alta performance.

RESILIÊNCIA

Por fim, a tão falada resiliência! A liderança saudável só se sustenta quando o líder é capaz de lidar com as frustrações da jornada de maneira a aprender com cada situação, superando fracassos e derrotas, transformando sua experiência em aprendizado contínuo e traduzindo todo o seu conhecimento em vantagem competitiva durante a jornada que iniciou com a sua visão.

Dar conta do recado na ação de liderar dependerá sempre da competência em resistir fielmente à visão que o impulsionou a, de maneira corajosa, conectar pessoas para alcançar os horizontes de sua jornada.

Resiliência, explicada brevemente, é um termo que hoje está associado ao comportamento humano, mas que foi importado da física e, principalmente, da resistência dos materiais. Alguns materiais, ao serem deformados, têm a capacidade de retornar ao estado inicial. Esse conceito aplicado ao comportamento humano difere de quando é aplicado à resistência dos materiais.

Por exemplo, quando passamos por situações que nos desafiam, tendemos a tencionar a nossa capacidade emocional, utilizando tudo que sabemos para suportar as questões que estamos enfrentando. Acontece que, como seres humanos, nunca retornamos ao estado como éramos antes — não existe esse "retorno elástico" da nossa psique.

Na verdade, nós retornamos a um novo patamar, com uma nova experiência, um novo repertório de habilidades emocionais incorporado à nossa capacidade de lidar com as situações indesejáveis. Esse novo patamar nos ajuda a superar com mais facilidade novos desafios, contribuindo para uma vida mais congruente com os nossos valores e mais alinhada com aquilo que esperamos de nós mesmos e das pessoas.

Em um processo de desenvolvimento que participei, tive um breve contato com um decálogo da resiliência, por intermédio do *coach* Jaques Giraud, e fiz uma releitura aplicada ao contexto da liderança.

Existem dez pontos, que podemos chamar de *decálogo da resiliência para líderes*. São pontos de observação que nos ajudam a aplicar a resiliência ao exercício da nossa liderança.

1. Comprometa-se com você

Temos uma tendência a agirmos como salvadores da pátria na equipe, na empresa, na família, em todos os lugares. Cuidamos de pessoas e, muitas vezes, nos esquecemos de cuidar de nós mesmos.

É impossível cuidarmos bem dos outros se não cuidarmos bem de nós mesmos. Esse compromisso com o nosso crescimento é uma escolha pessoal e intransferível, exclusivamente de foro íntimo. As pessoas que estão ao nosso redor não conseguem se comprometer por nós, assim como nós não conseguimos nos comprometer pelos outros. Então o primeiro passo para uma vida saudável e humanizada, assim como uma liderança que estabelece a resiliência como elemento estrutural, é o seu compromisso consigo mesmo. É o compromisso de se conhecer melhor, um compromisso de seguir aberto aos novos aprendizados; é um compromisso que traz um nível de disciplina também para aquilo que eu desejo desenvolver como líder e a realidade que eu desejo criar. A disciplina é algo importante, por isso esse compromisso. Se eu não estou comprometido comigo, acabo por começar muitas coisas, mas sem conseguir terminar muitas delas. Como já disse, são pessoas de iniciativa, mas não de "acabativa".

2. Aceite e assuma a sua responsabilidade

Isso é importante para os processos de transformação da equipe e também na responsabilidade que você tem como pessoa nos resultados que você está tendo. Qual é o seu grau de responsabilidade nisso? A aceitação é fundamental. Com uma certa frequência, negamos, ainda que só pra nós mesmos, que somos parcial ou totalmente responsáveis por algo que estamos vivendo, e esse processo de negação ou de transferência da culpa para outras pessoas só nos torna pessoas mais resistentes às mudanças e ao aprendizado.

Então, é fundamental aceitar que, muitas vezes, erramos; aceitar que não sabemos tudo; aceitar que existem coisas que não vamos conseguir controlar. E, por isso, precisamos aceitar e assumir aquilo que cabe a nós.

3. No caos, observe antes de decidir

Imagine que, como líderes, vamos enfrentar inúmeras situações de crise. Sejam crises de identidade (intrapessoais) ou crises nos processos, projetos, prazos, economia, nos negócios e etc.

Para um líder humanizado de alta performance, é necessário observar antes de decidir. Existe certa tendência a alguns líderes de sair decidindo as coisas sem antes fazer uma análise mais ampla do contexto daquela situação e de como podem enfrentar de maneira mais efetiva e assertiva esses problemas.

Este é um ponto importantíssimo para nós, até porque vivemos um tempo em que a velocidade de realização tem bastante valor; para um líder, é importantíssimo saber ponderar, não ser ansioso para decidir, deixar abaixar a poeira, observar o que está acontecendo, quais são os elementos que estão presentes naquela crise, em que ele pode ter ação e no que não pode.

Isto apoia muito na tomada de decisões assertivas, observar e absorver antes de decidir.

4. Use tudo para crescer, aprender e avançar

Pense que tudo, exatamente tudo, o que acontece na nossa vida, podemos encarar de duas maneiras: como vítimas ou como alunos.

Quando falamos sobre a síndrome de Peter Pan e o alicerce da liderança, citamos o psiquiatra Viktor Frankl e o filósofo Sartre, ambos corroborando com a ideia de que não conseguimos escolher tudo o que vamos viver na vida, mas conseguimos escolher como reagir às coisas que nos acontecem: ou se vitimizando emocionalmente, ou com uma proposta de responsabilidade emocional, usando tudo para crescer, aprender e avançar.

Neste decálogo da resiliência, o quarto ponto é: use tudo para crescer, aprender e avançar. Tudo, tudo mesmo. As coisas que acontecem dentro da nossa equipe, da nossa casa, na nossa família, que não são aquelas que nós esperávamos também são formas de aprendizado se estivermos abertos; podemos usá-las a nosso favor.

Crescer, aprender e avançar. Se encaro algum nível de fracasso como uma sentença do destino, a tendência é que fique me vitimizando em um movimento de autocomiseração, com pena de mim mesmo. Se eu assumo aquilo como aprendizado, com certeza, vou conseguir responder melhor e mais assertivamente aprendendo, crescendo e, cada vez mais, avançando para ser uma pessoa ou um líder melhor a cada dia.

5. Alimente a sua confiança

Alimentar a confiança de que você é capaz de tomar decisões assertivas, de externar as suas habilidades e competências de maneira que auxilie as pessoas e alavanque o potencial delas, seja na sua liderança ou na vida, é algo importantíssimo. Muitas pessoas sabem fazer as coisas, mas, na "hora H", travam porque não estão confiantes o suficiente.

Deixo uma dica de filme precioso que, por si só, já é uma aula de como precisamos alimentar a nossa confiança: *Moneyball — O homem que mudou o jogo*. Tenho certeza de que você pode aprender lições preciosas para sua liderança se assisti-lo com este olhar. O filme fala bastante sobre ser confiante acerca daquilo que você é capaz de fazer. Isso tem muito a ver com educar a sua energia na direção da realidade que deseja criar.

Muitas vezes, ficamos gravitando em torno das queixas, dos problemas e das coisas que não estão funcionando. Ficamos na órbita dos problemas, gravitando em torno deles, em vez de direcionarmos a nossa energia para a solução. Gosto de dizer "Foco na sua solução!" sempre que vejo pessoas com esta atitude.

6. Postura aberta e receptiva ao apoio social

Existem pessoas que estão dispostas a ajudar e apoiar as outras, mas que nem sempre estão abertas para receberem ajuda. Às vezes, vinculamos a ideia de que estamos recebendo apoio e ajuda porque fomos incapazes, fracos e incompetentes. Por isso, muitos acreditam que as vitórias só têm valor se forem conquistadas sozinhas, apenas com o esforço próprio. Precisamos lembrar que somos seres de convivência; vivemos com outros, somos quem somos mediante os outros, vivemos uma relação de interdependência.

Quando estamos abertos e receptivos, tudo passa a nos favorecer e, mesmo diante de um cenário ruim, encontramos apoio para superarmos as dificuldades. Portanto, você não precisa enfrentar o que está enfrentando sozinho. Busque pessoas que possam apoiá-lo, em quem você confie, e então receba o apoio, a sustentação e o suporte de que precisa no momento difícil. Acredito que você já fez isso por outras pessoas, então também esteja aberto e receptivo para receber delas.

Às vezes nos falta humildade para recebermos apoio e desenvolvermos nossa resiliência.

7. Cultive o bom humor

Cultivar o bom humor também tem que ser algo intencional. Às vezes pensamos que ser bem-humorado pode ser associado com relapso e falta de seriedade no trabalho. Porém, sem bom humor, você jamais irá liderar com leveza.

> **Se intencionalmente buscar ser mais bem-humorado, experimentará uma dose de satisfação e prazer no exercício da liderança, aprendendo a desfrutar da sua jornada.**

Você pode buscar textos, livros, músicas, vídeos que ajudem a elevar o bom humor. Isso tem um resultado muito positivo no nosso corpo e na nossa fisionomia, não só na mente. É incrível como um simples sorriso pode mudar os rumos de uma situação difícil nos apoiando a superarmos todas as questões que enfrentamos como líderes na nossa vida.

Cultive o bom humor na sua liderança e verá como é poderoso ser intencionalmente bem-humorado. Não é um dom que as pessoas recebem; o bom humor é algo que cultivamos diariamente; a decisão de cultivá-lo está em nossas mãos.

8. Saiba que o Universo conspira com quem sabe o que quer

Parece uma frase um pouco esotérica, mas, na verdade, não é. Quando temos clareza daquilo que queremos na vida, daquilo que precisamos e do que buscamos, é como se ligássemos um radar para as oportunidades que nos cercam. Vou dizer que, na maioria das vezes, as grandes oportunidades da nossa vida estão disfarçadas de problemas e situações de crise.

Estar atento a isso, saber que, quanto mais eu tenho clareza do que quero como líder, quanto mais tenho clareza do que eu quero ser como pessoa, como pai, de onde eu quero chegar, então, melhor e mais preciso será o meu resultado.

Quanto mais clareza tenho, mais a minha energia e as minhas intenções vão promover e provocar aquilo que eu estou buscando.

9. Não se trata de amor, se trata de amar

Sabe quando mais experimentamos o amor? Não é quando somos amados, mas sim quando amamos. Nós experimentamos o amor na sua forma mais plena quando nós amamos. Quero deslocar um pouco essa palavra amor do lugar de romance e colocá-la no lugar de ação, de atitude. Por quê? Porque amar é ação, é um verbo, tem a ver com o que eu faço, e não apenas com as palavras que anuncio. Dizer "eu te amo" pode não significar absolutamente nada, entretanto demonstrar amor pode mudar muita coisa ao nosso redor.

É necessário se amar, em primeiro lugar, para poder amar os demais, para poder agir na direção daquilo que favorece o outro, daquilo que favorece a sua equipe. Se amar também é fundamental para que você se respeite, se aceite, se perdoe pelos erros que você comete. Muitas vezes cometemos erros e tomamos decisões equivocadas, falamos coisas de que nos arrependemos depois, ofensas que não gostaríamos de ter proferido.

Perdoar-se também tem a ver com amor. Nenhuma relação se sustenta sem o perdão. Por isso, não se trata de amor, um objeto de romance, mas de amar, agir de modo que demonstre o quanto queremos aquilo que dizemos querer, o quanto nos amamos e o quanto nos respeitamos.

10. Aprenda a agradecer

Mesmo diante de um momento de grande crise, olhe ao seu redor, olhe para a sua vida: por quantas coisas você é grato hoje? Talvez o seu olhar esteja viciado a só enfatizar as coisas que não estão funcionando como você quer, só enxergando as situações que não estão gerando os resultados que você deseja.

Mas por quantas coisas você pode agradecer hoje? Por quantas coisas nós realmente podemos ser gratos? Se fizer uma breve lista, talvez possa agradecer pela sua saúde, por seus filhos, amigos, companheiros de carreira; quem sabe, agradecer por ter a capacidade financeira de conseguir se alimentar, de conquistar algumas coisas que quer; pelas pessoas que estão ao seu redor, por poder comprar um livro e lê-lo, pelas oportunidades que teve e tem de participar de processos de desenvolvimento. Quantas coisas passam despercebidas por nós e pelas quais deveríamos, de alguma forma, expressar a gratidão?

==A gratidão é um elemento fundamental na nossa percepção de felicidade e realização.==

Sempre que estiver desanimado ou pensando em desistir da sua visão de vida, recorra a este decálogo e se provoque a agir em direção a estes dez pontos.

Aliás, ocupar-se diariamente de alguns desses pontos produzirá um efeito preventivo em sua saúde mental, alavancando resultados positivos na sua vida e liderança.

Superação

A rejeição não é o fim. Ouvir um "não" não é o fim. Um fracasso não é o fim.

O conceito de resiliência aplicado ao comportamento humano está vinculado ao que conhecemos como *perseverança*.

Perseverança significa ter sucesso porque você está determinado, e não destinado, a ter sucesso. Existem momentos em que nos sentimos fracos e rejeitados. É exatamente nesses momentos que precisamos nutrir a perseverança. Procure estar com pessoas que maximizem seus pontos fortes e o ajudem nos momentos de desânimo. Tente mais, arrisque mais. Você pode conseguir!

1. Extraia da adversidade o que é agradável. Às vezes, sucesso é uma questão de não desistir, enquanto fracasso é uma questão de desistir cedo demais.
2. Reconheça que a melhor coisa acerca da adversidade é atravessá-la e sair do outro lado com a sensação de ter expandido seu próprio ser.
3. Nossas maiores satisfações não vêm de uma vida sem obstáculos, mas sim de superarmos cada um desses com fé e entusiasmo.
4. Fé na vida, pois enquanto tiver vida tem jeito! Acima das frustrações, do medo, da incerteza, está nossa capacidade de rompermos em realização.

CAPÍTULO 8

SAÚDE MENTAL E
LIDERANÇA

"As pessoas se esquecerão do que você disse, as pessoas esquecerão o que você fez, mas nunca esquecerão como você os fez sentir..." —MAYA ANGELOU

Agora vamos nos aprofundar na compreensão do desafio de liderar de uma maneira saudável, partindo do pressuposto de que é possível ter saúde mental em cargos de liderança independentemente do nível em que você lidera.

Antes de mais nada, apresentaremos algumas referências importantes sobre o que estamos chamando de saúde mental.

Não existe uma definição fechada sobre o que é saúde mental. De acordo com a Organização Mundial da Saúde (OMS), o termo está relacionado ao bem-estar e à forma como uma pessoa reage às exigências, aos desafios e às mudanças da vida e ao modo como harmoniza suas ideias e emoções.

Muitas outras definições estão ligadas as politicas públicas, mediante a perspectiva do Sistema Único de Saúde (SUS), desde a atenção básica da saúde até a alta complexidade. Na prática, se veem ações voltadas ao enfrentamento e aos desafios da reforma psiquiátrica e à tentativa de promoção de cuidados e intervenções que permeiam os psicodiagnósticos.

O próprio termo já contém um breve desalinhamento à nossa proposta, pois, se entendemos o ser humano com integral, isso quer dizer na totalidade, a saúde também deve ser vista sob essa perspectiva, a saber, saúde integral.

Então, vamos a questão prioritária: o que é saúde? Na perspectiva que afeta diretamente o ambiente corporativo, saúde é a condição primordial em que cada sujeito se encontra em sua plena potencialidade física, psicológica e social, sendo protagonista consciente do seu projeto existencial.

Saúde é muito mais do que a ausência de doenças, e é exatamente neste ponto que, como líderes, estamos entre os principais promotores na construção de ambientes psicologicamente saudáveis.

O líder é praticamente convocado a estar saudável, o que, na maioria das vezes, não leva em consideração a definição supracitada, e sim apenas a aparência de que está tudo bem.

Como você está? Como foi o seu dia? Para onde as suas decisões estão levando-o? Como você se sente com relação à realidade que está vivendo? Qual o significado da expressão vida saudável pra você? Ficaríamos aqui algumas horas tentando responder essas e outras perguntas que certamente sinalizariam o nível de saúde em que você está.

Podemos construir uma escala da saúde que englobe todos os aspectos e elementos existenciais, mas ainda assim não conseguiríamos apreender o significado da palavra "saúde" em toda sua complexidade. Afirmo isso a partir da minha prática e estudos sobre o cuidado e promoção da saúde em ambientes como Centro de Saúde, Centro de Atenção Psicossocial, hospitais e clínicas.

Veja o tamanho do nosso desafio! Foi exatamente nos ambientes em que mais se tratam as doenças e se promove uma parte considerável da saúde que encontrei maior resistência para discutir sobre saúde mental com os líderes. Isso porque até o nosso conceito de saúde está corrompido por uma hierarquia de saberes em que o médico, muito frequentemente, atua como líder em equipes, porém é refratário ao seu próprio desenvolvimento no papel de gestor.

Atuando quase como semideuses, muitos líderes em ambientes de cuidado com a saúde escorregam no autocuidado e no cuidado dos colaboradores. Quanto maior as contradições que conseguimos suportar na nossa prática, maior é o nosso corrompimento ético.

O que quero dizer com essa afirmação é que a saúde mental nunca esteve tão em evidência como nos dias de hoje, muito pelos efeitos da pandemia que transformou o nosso cotidiano, mas, ao mesmo tempo, nunca encontramos tantas barreiras ou superficialidade no tratamento do tema.

Imagine agora que um líder que não tem, no ambiente de trabalho, o escopo de um profissional da saúde. Como ele conseguirá, com profundidade e relevância, atuar como um agente promotor da saúde integral em si e na equipe? Como lidar com as angústias e os sofrimentos, e também com as potencialidades dos colaboradores, de maneira assertiva?

Liderança e saúde mental nunca estiveram tão intrinsecamente ligadas, quase que em um movimento contínuo e inseparável. Agora é importante ressaltar que saúde mental e liderança não são temas de autoajuda; existem ciência e técnicas na base dessa discussão. E é fundamental que os líderes preservem a sobriedade lutando por espaços de escuta e desenvolvimento para os temas em que continuamente estão sendo cobrados.

Uma empresa que exige dos líderes um posicionamento humanizado precisa promover desenvolvimento valorizando cada etapa dos processos que fortalecem as equipes em sua segurança psicológica. Projetos pontuais são o início de grandes transformações, porém a diferença no potencial de desempenho dos líderes acontece quando os projetos se tornam contínuos, e quando o orçamento na área de recursos humanos também passa a valorizar e investir de maneira estrutural na promoção de uma cultura de saúde integral.

Não basta ter psicólogos à disposição, é necessário criar a cultura de gestão humanizada.

O ambiente de trabalho certamente é um dos principais promotores do adoecimento. Em um breve levantamento dos meus últimos cinco anos de atendimento, posso afirmar que mais de 65% das pessoas que chegaram ao meu consultório tinham alguma queixa relacionada ao ambiente de trabalho ou aos superiores imediatos. Os estigmas devidos ao desconhecimento e a preconceitos em relação à saúde mental ainda impedem muitas pessoas de qualificarem suas vidas rumo à maturidade e à autonomia emocional.

Todo líder tem, no escopo do seu trabalho, a função de organizar e gerir pessoas para o atendimento aos resultados, prezando pela ética em todo processo. A questão primordial é como cada líder, em sua singularidade, consegue comunicar e entrelaçar os interesses pessoais, dos seus liderados e da empresa, para que todos se sintam contemplados e saudáveis integralmente.

Para auto-orientação da sua jornada de liderança, podemos perguntar:

1. O que o levou a se tornar um líder?
2. Quais ambições o sustentam nesta posição?
3. Quais expectativas a curto, médio e longo prazo você tem sobre sua carreira?

Perguntas como essas nos ajudam a compreender que a saúde mental é, antes de mais nada, uma busca pela autoconsciência, visto que, muitas vezes, estamos buscando aquilo que ainda não sabemos o que é, pois ignoramos os determinantes psicológicos que nos fizeram ser o que somos hoje.

Gosto de dizer que somos um grande mosaico emocional formado por traumas, medos inseguranças, desejos, expectativas e sonhos. Quando nos damos conta de que o que somos é parte do que fomos, parte do que queremos ser e parte das expectativas dos outros, conseguimos entender com mais clareza que ser é estar; ser é tão transitório e passageiro quanto estar.

Se somos esse mosaico vivo e orgânico que se molda a cada dia, não nos resta muito a não ser estarmos abertos e receptivos, promovendo leveza em nossas relações, baixando a guarda e desconstruindo algumas das nossas certezas absolutas.

Um líder humanizado consegue desenvolver um relacionamento gentil e compassivo consigo mesmo e com os outros e se liberta das exigências estéticas, físicas, competitivas e predatórias que nossa cultura exige, mergulhando profundamente em sua autenticidade e potencial, independentemente da opinião alheia.

Saúde mental não é qualidade de vida, mas sim vida qualificada. É a superação da capacidade de consumo como meio para a felicidade e realização, pois torna o propósito e a autoconsciência os grandes tesouros a serem buscados e explorados.

Sentimentos de inferioridade, inadequação, falta de valor entre tantos outros são efeito da nossa ignorância existencial, e não causa da nossa infelicidade. Quando um líder se abre para a difícil jornada de liderar, não está em busca do sucesso, está em busca de si mesmo. A cada desafio superado, a cada meta, a cada objetivo cumprido, a cada melhoria implementada, a cada inovação, experimentamos realização e autovalor, entretanto o verdadeiro sucesso de um líder não é medido pelo acúmulo de medalhas, mas sim em quem ele se torna durante a jornada.

Quando direcionamos a nossa energia nos ocupando de quem estamos nos tornamos, deixamos um legado; quando focamos conquistas e títulos, aumentamos o nosso próprio vazio.

PSICOPATOLOGIA E LIDERANÇA

A psicopatologia está ligada a diversas abordagens teóricas, porém tem seu campo mais fértil na psicologia, na psiquiatria e no corpo teórico psicanalítico. Pode ser caracterizada como o estudo descritivos dos fenômenos psíquicos "anormais", estudando gestos, comportamentos, expressões e relatos autodescritivos do enfermo.

Na psicologia, ela faz parte da psicologia clínica, psicologia geral e psicologia ligada às neurociências, dentre outras.

A palavra "psicopatologia" é composta de três palavras gregas:

- *psique* — alma ou mente;
- *pathos* — paixão, sofrimento ou doença;
- *logo* — lógica ou o conhecimento.

Essa junção de palavras resulta na significação de que o paciente, passivo, acometido pela paixão (paixão aqui significando dependência do outro), adoece de uma causa que ele mesmo desconhece e que faz com que reaja, na maioria das vezes, de forma imprevista. Psicopatologia então pode ser definida como a disciplina que estuda o sofrimento da mente, ou seja, o estudo a respeito de doenças psíquicas.

Liderança como Fator de Risco

Defendo aqui que qualquer cargo de liderança em qualquer contexto é um fator de risco para o adoecimento psíquico, tanto do líder quanto dos liderados, visto que a condição emocional de um líder sempre será afetada gerando angústias inerentes a função.

Esse é um ponto importante para entendermos a relação entre algumas psicopatologias e a liderança. Quando falo de adoecimento, estou me referindo a qualquer nível de sofrimento que esteja diretamente vinculado à ação de liderar ou ser liderado.

As profissões regulamentadas que tratam diretamente da saúde mental das pessoas são os psicólogos e psiquiatras, que têm por base de atuação, quando falamos de psicopatologias, duas importantes referências teóricas:

- **DSM 5:** Manual Diagnóstico e Estatístico de Transtornos Mentais, que é o resultado de mais de dez anos de trabalho de especialistas de todo o mundo; apresenta o que há de mais atual em termos de classificação e diagnóstico na área da saúde mental, constituindo-se de um recurso indispensável a psicólogos, psiquiatras, estudantes, pesquisadores, médicos e profissionais da saúde.

- **CID 10:** Classificação Estatística Internacional de Doenças e Problemas Relacionados com a Saúde é uma das principais ferramentas epidemiológicas do cotidiano médico. Desenvolvido pela Organização Mundial da Saúde (OMS), a principal função do CID é monitorar a incidência e prevalência de doenças, através de uma padronização universal de doenças, problemas de saúde pública, sinais e sintomas, queixas, causas externas para ferimentos e circunstâncias sociais, apresentando um panorama amplo da situação em saúde dos países e suas populações.

Existem outras referências quando pensamos em psicopatologia. Por exemplo, no Brasil, a publicação de Paulo Dalgalarrondo chamada *Psicopatologia e Semiologia dos Transtornos Mentais*[6].

As referências apresentadas são fundamentais para compreender o adoecimento e a saúde mental. Isso nos ajuda a ampliarmos a concepção da saúde do trabalhador e, é claro, de líderes e equipes.

Um grande desafio dentro desse contexto é a desinformação, que torna a saúde mental um tabu para muita gente, alimentando preconceitos. Todo tipo de piada, julgamento preconceituoso e leviano, assim como atitudes que desprezam o sofrimento emocional, prestam um desserviço à nossa luta pela humanização no ambiente de trabalho.

Um dos problemas que enfrentamos nos dias atuais é a resistência em construirmos programas e projetos relevantes e estruturais que desmistifiquem a saúde mental no ambiente corporativo, visto que, como já foi dito neste livro, muito ainda precisa ser construído no campo prático e teórico que promova, de maneira humanizada e assertiva, uma condição emocional de trabalho que garanta qualidade e maturidade emocional aos profissionais.

Pensando em aspectos de saúde mental e adoecimento psíquico, podemos afirmar que os transtornos mentais são disfunções da atividade cerebral que prejudicam a qualidade de vida e até podem incapacitar, temporária ou permanentemente, uma pessoa para o trabalho ou a vida em sociedade, afetando o comportamento, as emoções, o humor, o raciocínio, como também produzindo sintomas físicos.

Sob esse aspecto, podemos afirmar que existem pelo menos cinco grupos de psicodiagnósticos que merecem nossa profunda atenção quando o assunto é liderança e ambiente de trabalho.

---

6 DALGALARRONDO, Paulo. *Psicopatologia e semiologia dos transtornos mentais*. 2. ed. Porto Alegre: Artmed, 2008.

Apresentaremos neste capítulo, de maneira resumida, cada um desses grupos como contribuição de vanguarda, articulando os aspectos fundamentais dessas síndromes e transtornos com os aspectos da liderança, e reafirmando a importância de um cuidado integral com os profissionais. Então, detalharemos cada um destes grupos.

As informações a seguir são referências bibliográficas do DSM 5 e do CID 10, Psicopatologia e Semiologia do Transtornos Mentais, articuladas com o contexto e as características de líderes e profissionais.

1 — Síndromes ansiosas: CID 10 (F 41)

DEFINIÇÕES PRELIMINARES DIDÁTICAS

Estas síndromes são uma percepção de descontrole da vida, em que uma intensa descarga do sistema nervoso autônomo produz sensações de pânico, desespero, *desrealização*, e o ambiente em que a pessoa se encontra, antes familiar, agora parece estranho; e *despersonalização*, que é a sensação de a cabeça estar leve, o corpo fica estranho, há sensação de perda de controle, estranhando a si mesmo.

Elas podem ter origem orgânica, porém, na minha prática clínica, tenho percebido a grande relação entre eventos estressores combinados com traços de personalidade de indivíduos mais sistemáticos e controladores que potencializam tais síndromes.

Os transtornos de ansiedade podem surgir muito sutilmente, aumentando em frequência e intensidade, o que gera crises e ciclos que se retroalimentam, prejudicando a vida da pessoa.

Um líder está constantemente exposto a situações de estresse, tomada de decisão, pressão por resultados, exigências de conduta e competências, assim como de responsabilização pelos comportamentos e resultados da equipe. Esses elementos aliados às questões pessoais de cada líder, como crises conjugais, situações específicas no papel de pai/mãe, problemas financeiros, doenças, entre outras, se tornam o contexto perfeito para o agravamento dos episódios ansiosos.

É importante ressaltar que existe um nível de ansiedade que atua a favor do líder, quando o deixa em estado de alerta para sua própria proteção e ação na direção da sobrevivência. Porém, a partir do momento que começa a bloquear seu potencial criativo, governando suas reações e comprometendo sua saúde emocional, é preciso buscar ajuda profissional.

2 – Síndromes depressivas: CID 10 (F 32)

DEFINIÇÕES PRELIMINARES DIDÁTICAS

É uma falta de energia intensa que domina a vontade e o querer da pessoa; assim se cria uma perspectiva negativa sobre si mesmo, os outros e sobre o futuro. Tal vivência varia de pessoa para pessoa em pelo menos três níveis, a saber, *leve, moderada e grave*.

Segundo Paulo Dalgalarrondo, as síndromes depressivas são reconhecidas atualmente como um problema prioritário de saúde pública, e, segundo um levantamento da OMS, é considerada a primeira causa de incapacidade entre todos os problemas de saúde.

Importa salientar que a depressão se inicia com episódios depressivos que se assemelham a experiências de tristeza e desânimo profundo, muitas vezes associada a um vazio existencial, que aumenta gradativamente.

Quando negligenciada nos primeiros episódios, tende a ganhar proporções maiores e até avassaladores do ponto de vista existencial, culminando na necessidade de aliar tratamento medicamentoso com a psicoterapia.

Muitas pessoas, por desinformação e preconceito, resistem ao tratamento medicamentoso (popularmente conhecido como "remédios de tarja preta"). Esses medicamentos têm a função de repor as substâncias que o nosso organismo, em conjunto com o nosso cérebro, não está conseguindo produzir para o enfrentamento dos sintomas. Com medo de se tornarem dependentes das medicações, não aderem aos tratamentos, agravando sua condição.

O enfrentamento das síndromes depressivas tem maior eficácia quando conduzido com um tratamento combinado que lança mão de medicamentos e acompanhamento psicoterápico, sempre receitados pelos profissionais habilitados (psiquiatras e psicólogos).

Afirmo, a partir da minha experiência no campo de atuação, que alguns fatores inerentes ao contexto da liderança são riscos relevantes ao adoecimento, tais como: insegurança quanto às crises e à própria carreira; nível de exigência desproporcional ao tangível na função; recursos inferiores ao necessário para o atendimento aos objetivos organizacionais; frustrações e traumas decorrentes de tomadas de decisão erradas.

Assim, é necessário nos aprofundarmos neste campo a fim de minimizarmos os perigos e riscos de líderes e equipes deflagarem episódios e crises vinculadas às síndromes depressivas.

3 — *Burnout:* CID 10 (Z73.0)

DEFINIÇÕES PRELIMINARES DIDÁTICAS

O *burnout* é um termo que ainda não aparece diretamente nos manuais de saúde mental e classificação de doenças, porém este tema tem sido alvo de profundas discussões e provavelmente estará contemplado nas próximas edições do CID e DSM.

Também conhecido como síndrome do esgotamento profissional, se assemelha a episódios duradouros de estresse, vinculado não apenas à carga de trabalho como também à falta de conexão, identidade e propósito com o trabalho executado.

Pode ser considerado um estresse crônico ocupacional que culmina com a sensação de esgotamento e exaustão emocional. São diversos os sintomas do *burnout*, que não se dissipa com descanso ou férias; é necessário aprofundamento nas questões da dinâmica psíquica da pessoa que sofre com o *burnout*, a fim de trazer luz e manejo clínico a essa situação.

4 — Síndromes relacionadas ao uso de substâncias psicoativas: CID 10 (F 19)

DEFINIÇÕES PRELIMINARES DIDÁTICAS

Este é um tabu a ser abordado no ambiente organizacional, assim como o comportamento suicida, visto que ambos podem ter sua origem nas questões laborais e são altamente destrutivos. Além disto, a percepção social sobre o uso abusivo de substâncias psicoativas culpabiliza incisivamente o usuário, assim como afeta drasticamente a vida social, a condição física e a saúde emocional dos familiares.

Substância psicoativa, segundo Dalgalarrondo, é qualquer substância química que, quando ingerida, modifica uma ou várias funções do sistema nervoso central, produzindo efeitos psíquicos e comportamentais. Isso inclui álcool, maconha, cocaína, café, chá, diazepam, nicotina, heroína etc.

Em geral, a sensação de prazer e excitação promove uma alteração no funcionamento comportamental e psíquico do usuário, muitas vezes eliminando momentaneamente uma experiência de desprazer, dor (física ou emocional) frustração, luto etc.

Como o contexto da liderança nos expõe, em maior quantidade e intensidade, às situações supracitadas, é possível afirmar que a liderança é fator de risco para as síndromes relacionadas a substâncias psicoativas, independentemente de serem lícitas ou ilícitas. Dalgalarrondo afirma também que tal uso produz prejuízos ao sujeito em sua vida familiar e no trabalho, colocando em risco sua integridade física podendo culminar em problemas legais. Para longe de lançarmos argumentos moralistas, a questão primordial é reforçarmos o cuidado e o acolhimento de líderes que se encontram nessa condição, a fim de construirmos estratégias de enfrentamento e redução de danos ao profissional, a seus familiares e à empresa.

Como estas e outras substâncias afetam e alteram o comportamento e a percepção do sujeito com relação à realidade, os prejuízos transbordam os limites pessoais colocando outras pessoas em situação no mínimo constrangedora, podendo chegar a danos físicos e materiais.

5 — Comportamento suicida: CID 10 (X 70)

DEFINIÇÕES PRELIMINARES DIDÁTICAS

Um dos maiores desafios no nosso país quando falamos sobre saúde mental talvez seja um dos mais negligenciados e encobertos por causa dos tabus que o sustentam.

Segundo a OMS, costuma-se definir "comportamento suicida" como todo ato pelo qual um indivíduo causa lesão em si mesmo, qualquer que seja o grau de intenção letal e de conhecimento do verdadeiro motivo desse ato.

O risco de suicídio ainda não tem uma classificação própria nos manuais, pois é fenômeno que pode ocorrer em vários quadros clínicos diferentes e mais raramente na ausência de qualquer quadro clínico.

Para o psiquiatra Neury Botega[7], o comportamento suicida surge em diversas circunstâncias e sempre suscita muitas inquietações. Fato é que esse comportamento sempre está associado à

---

[7] Botega, Neury J. *Crise suicida: avaliação e manejo*. Porto Alegre: Artmed, 2015.

junção de fatores biológicos, ambientais e psicológicos. Botega afirma que 90% dos casos de suicídio contam com a presença de um transtorno psiquiátrico que, como muita frequência, é o transtorno depressivo.

É um comportamento complexo que tem origem em fatores, psicológicos, sociais, ambientais, familiares, culturais, genéticos, neurobiológicos, econômicos, dentre outros possíveis.

Infelizmente, como líder e profissional, já tive contato com conhecidos e colegas de trabalho, líderes que, para acabar com o sofrimento, decidiram pôr fim a suas vidas. Só tive realmente a dimensão do drama e do nível de sofrimento quando passei por uma situação que perdurou aproximadamente dois anos; experimentei o drama da ideação suicida tentando colocar fim ao meu sofrimento.

Sobre isso, me aprofundarei nos próximos capítulos, com o objetivo de que você saiba que quem escreve este livro não é apenas alguém que estudou sobre liderança e saúde mental, mas que também experimentou o sofrimento decorrente desses fatores de risco.

Muitos líderes têm um nível de autoexigência desumano que, somado a situações frustrantes e ao alto nível de exposição que os cargos de liderança exigem, aumentam os riscos dos comportamentos de autolesão que podem culminar na ideação, no planejamento e na ação no comportamento autodestrutivo.

Nos próximos capítulos, entenderemos melhor cada um destes cinco grupos de psicodiagnósticos e como um líder pode minimizar os riscos promovendo na sua liderança, assim como na sua vida, um cotidiano mais saudável e humanizado.

ANSIEDADE E LIDERANÇA

AVISO: as informações abaixo têm o objetivo de ampliar a compreensão sobre os psicodiagnósticos relacionados à ansiedade e não servem para autodiagnóstico, visto que apenas um profissional habilitado tem as competências necessárias para isso.

Ansiedade não é excesso de futuro!

Essa é uma afirmação equivocada e reducionista, porque, na vivência da ansiedade, podem existir fatores de angústias relacionadas a traumas e acontecimentos do passado. Além disso, não é correto simplificar uma questão tão complexa, colocando a pessoa como culpada do próprio estado emocional, uma vez que é um equívoco desconsiderar as questões biopsicossociais dentro dos psicodiagnósticos.

A OMS afirma que o Brasil é o país mais ansioso do mundo, com 18,6 milhões de pessoas sofrendo de algum tipo de transtorno de ansiedade. As pessoas estão adoecendo cada vez mais e buscam respostas externas para os problemas causados pelas pressões da vida incluindo o contexto corporativo.

Tipos de ansiedade

Existem vários tipos de ansiedade, segundo a obra de Dalgalarrondo. Assim, vamos nos deter aos que podem ter relação direta com o contexto da atuação de líderes.

- **Ansiedade generalizada:** Caracteriza-se pela presença de sintomas ansiosos excessivos, na maior parte dos dias, por, pelo menos, seis meses.
- **Crises de ansiedade:** Crises intermitentes com a eclosão de vários sintomas ansiosos, em número e intensidade significativos.

- **Síndrome mista de ansiedade e depressão:** Esta síndrome acontece quando tanto os sintomas ansiosos quanto os depressivos estão presentes, mas nenhuma das duas síndromes (depressiva ou ansiosa) é grave o suficiente para, por si só, constituir um diagnóstico.

Segundo Dalgalarrondo, a pessoa experimenta, por um período relevante, a sensação de estar angustiada, tensa, preocupada, nervosa ou irritada; insônia; dificuldade em relaxar; irritabilidade aumentada e dificuldade em se concentrar. Sintomas físicos também são comuns, como cefaleia, dores musculares, taquicardia, dores ou queimação no estômago, tontura, formigamentos e sudorese fria.

De acordo com o CID 10, os transtornos de ansiedade podem se caracterizar em diversas configurações. A vivência dos transtornos ansiosos está relacionada ou não a medos racionais, recheados com uma variedade de preocupações e pressentimentos.

Eles podem se manifestar como preocupações sobre desgraças futuras, sensação de estar no limite, dificuldade de concentração, tensão motora, movimentação inquieta, hiperatividade autonômica, boca seca. Conforme descreve o DSM 5, os transtornos de ansiedade incluem características de medo e perturbações comportamentais, sendo que o medo é a resposta emocional eminente à ameaça, seja ela real ou percebida, enquanto a ansiedade é antecipação de ameaça futura — nesse sentido, a ansiedade surge como ação de "pré-ocupar-se", preenchendo o tempo e direcionando a energia ao que ainda está por vir, sem garantias de que realmente virá.

Pessoas com crises ou transtornos de ansiedade podem também apresentar inquietação ou sensação de estar "com os nervos à flor da pele", cansaço fácil, fatigabilidade, sentir um "branco" na mente, dificuldade para relaxar e alteração do sono (dificuldade de pegar no sono ou mantê-lo).

Não é raro que pessoas em situação de adoecimento mental vinculado a síndromes ansiosas experimentem, mesmo que pontualmente, algum episódio de pânico deflagrado por questões laborais.

Fatores de risco ligados à liderança

Insegurança quanto ao desempenho

Líderes são responsáveis por avaliar os colaboradores de suas equipes e também são avaliados por seus superiores, geralmente com um peso que pode afetar sua remuneração, possível promoção, plano de carreira e participação nos lucros e resultados.

Existe maior tendência a que líderes sejam menos compassivos consigo mesmos, desenvolvendo uma cobrança exacerbada sobre o próprio desempenho. Essa cobrança nem sempre se limita ao contexto organizacional; em vários casos que já atendi, líderes que recebiam grande cobrança de parceiros(as) e cônjuges apresentaram maior propensão ao adoecimento.

A insegurança encontra, então, um campo fértil para florescer e alimentar episódios de ansiedade, que funcionam como um envenenamento emocional que vai comprometendo o desempenho do líder.

Ouvi em uma palestra (não me lembro do nome do psiquiatra), muito tempo atrás, *que o medo da perda antecipa a perda*. No caso da ansiedade, esse é um pressuposto real, visto que a insegurança pelo desempenho de um líder pode levá-lo a comprometer negativamente seu desempenho. O medo de perder algo gera insegurança, que acaba por comprometer o comportamento e promover a perda. Vemos isso acontecer com frequência em pessoas ciumentas, que, por medo de perder um relacionamento, começam a agir com mais controle, sufocando o outro e repelindo-o cada vez mais.

A estrutura das ansiedades está enraizada no medo, seja ele racional ou não. O medo de não ser bom o suficiente para liderar pessoas e alcançar objetivos é o que vai minando a energia do líder frente aos desafios inerentes ao cargo.

Nunca seremos bons o tempo todo e em tudo; assim, uma atitude de autocompaixão é fundamental para que cada líder flua, no seu maior potencial, dentro das competências que já tem e nas que ainda está por desenvolver.

Erro na tomada de decisão

O que um líder mais faz durante a liderança é decidir. Assim, como já tratamos neste livro, nenhum líder passará sua jornada sem errar. Não existe infalibilidade na ação de tomar decisões, então, o que um líder precisa desenvolver é a coragem para decidir.

Muitos líderes entram em um turbilhão de episódios ansiosos exatamente pelo medo de errar e acabam por prolongar as decisões, tentando controlar todas as demandas possíveis, o que pode trazer até mais prejuízos para a equipe e para a empresa do que o próprio erro.

> **É preciso decidir, aprender com a decisão e continuar a decidir.**

Existem muitos determinantes psicológicos quando pensamos na ciência da tomada de decisão, e é por isso que cada líder precisa ter clareza em sua atuação, para conseguir gerar leveza, mesmo nos momentos em que as decisões a serem tomadas sejam difíceis, como desligar um funcionário.

Decidir é inerente aos cargos de liderança, e certamente este é um fator de risco para episódios de ansiedade. Assim, quando sentir que o peso de uma decisão pode ser grande demais para você carregar, compartilhe-o com outros líderes, peça ajuda, converse sobre sua angústia, desafie-se a humanizar-se e perdoe-se quando errar.

> **Cada pessoa faz a melhor escolha que pode com o nível de consciência**

CRISES ORGANIZACIONAIS

O cargo de liderança também pressupõe gestão de crises, guardadas as devidas proporções de cada nível hierárquico de liderança. Muitas crises, como a da pandemia da Covid-19, deflagraram episódios e até crises ansiosas em líderes, por causa dos prejuízos econômicos das empresas, do fechamento de escritórios, lojas, fábricas e com a exponenciação do desemprego.

As crises são como ondas em um mar revolto de inseguranças e apreensões, aumentando a pressão e a responsabilidade dos líderes diante de suas equipes.

Todo esse cenário de incertezas que afeta as equipes e as empresas, de maneira geral faz com que os olhos se virem para os líderes, em uma busca de salvadores em meio às crises. Fato é que, muitas vezes, como líderes, não conseguiremos mudar o cenário nem resolver o problema de todos. Líderes que atuam como salvador, conforme o triângulo de Karpman, tendem a experimentar mais ansiedade e, consequentemente, aumentam a probabilidade de adoecerem com as síndromes ansiosas.

LIDERANÇA IMEDIATA OPRESSIVA

Um fator estressante e desencadeante de episódios e síndromes ansiosas que constatei por vezes na minha trajetória como líder é, sem dúvida nenhuma, a presença de "chefes" autoritários e manipuladores que agem nos limites do assédio moral.

Infelizmente nos ambientes de trabalho esse tipo de "pseudolíder" ainda existe e resiste à transformação da humanização. Eles deflagram adoecimento nos liderados, deixando um rastro de sofrimento e, por vezes, conseguem sair ilesos, transferindo a culpa pelo adoecimento para a incompetência dos próprios funcionários, transformando as vítimas em culpados. Recebo casos em que o adoecimento está diretamente relacionado a esse tipo de relação opressora.

Ser liderado por um líder opressor é certamente um fator de risco ao adoecimento, deflagrando não apenas síndromes ansiosas, mas também depressivas.

Alguns líderes atuam a partir da lógica do controle, causando constrangimento através da intimidação. Do ponto de vista da saúde emocional e da segurança psicológica, equipes profissionais com líderes opressores invalidam qualquer outra qualidade e contrapartida que a empresa pode oferecer, anulando projetos e processos de humanização.

Um excelente indicador para avaliar a qualidade da liderança é o nível de rotatividade dos subordinados do líder. Muitas vezes é assim que uma liderança opressora se perpetua, fazendo com que os líderes abaixo dele tenham "tempo de validade"; produzindo a necessidade de que o opressor permaneça, em detrimento da saída do oprimido.

Também já constatei e vivenciei experiências com este tipo de estratégia opressora por parte de um líder especificamente e afirmo com todas as letras que não existem limites para o sofrimento quando um líder atua por esse viés.

Excesso de pressão para o atendimento às metas

Outro fator de risco para síndromes ansiosas no contexto da liderança é o ciclo infindável de objetivos e metas cada vez mais desafiadores e desumanos.

Durante a pandemia tive a oportunidade de conversar com alguns líderes de empresas de vários setores; uma situação muito comum foi a oportunidade que as empresas tiveram de reduzir o quadro de funcionários mantendo o mesmo nível de exigências com relação as metas.

Uma coisa é a evolução dos processos, outra coisa bem diferente é a exploração emocional com discursos pseudomotivacionais para constranger as equipes e os líderes de que eles têm que dar conta do recado. Funciona mais ou menos assim: por um ou dois meses, a empresa passa por dificuldades, e então a equipe se reorganiza para dar conta das metas e segurar a onda na crise. Então a empresa começa a exigir dos líderes que eles atendam às metas com menos funcionários e pressupõe que isso pode permanecer assim, contribuindo com a redução de custos.

Acontece que uma coisa é se articular para suprir situações específicas e pontuais, outra bem diferente é fazer dessas situações um modelo de exploração da força de trabalho a longo prazo, o que certamente resultará em prejuízos para a saúde do líder e da equipe.

Falta de identidade com o contexto em que atua

Este é um ponto interessante, pois existem profissionais que aceitam promoções para cargos de gestão por causa do status e dos benefícios que esses cargos oferecem, porém não se identificam com as funções. Assim, passam a acreditar que, por serem excelentes técnicos em suas áreas do conhecimento, conseguirão também ter sucesso na gestão de pessoas.

Ao passar do tempo, os danos emocionais começam a aparecer, principalmente porque a ciência da gestão de pessoas nunca foi e nunca será exata, e lidar com a subjetividade humana pode ser um deflagrador de episódios de ansiedade para quem tem uma identidade profissional mais pragmática.

Como tenho ouvido e visto muito nas empresas, ainda contratamos e promovemos pelas competências técnicas e demitimos pelas comportamentais. Estarmos conectados e nos identificarmos com o que fazemos nos ajudam a prevenir episódios e síndromes ansiosas.

Equipes imaturas emocionalmente

Ainda no campo da gestão de pessoas, lidar com a imaturidade da equipe pode disparar ansiedades na liderança, visto que, para todo líder, só é possível alcançar os resultados por meio do trabalho de outros.

Depender de outras pessoas para cumprir com os objetivos é premissa básica de qualquer cargo de liderança em qualquer contexto; assim, é inevitável que os líderes busquem maturidade emocional para lidarem com os conflitos de interesse que existam nas equipes.

Muitas vezes, esses conflitos de interesse também estão relacionados ao desejo de membros da equipe de "tomarem" o lugar do líder por se acharem mais capacitados. O líder, inevitavelmente, durante sua jornada, terá que lidar com inveja, boicotes, calunia e difamação, e, quanto menor é a maturidade emocional da equipe, maiores são os danos e os estragos emocionais na vida do líder.

Esses conflitos, quando não corrigidos ou direcionados, podem afetar a condição emocional do líder diante da incapacidade de solucioná-los o que certamente comprometerá as crenças que ele tem de autoeficácia sobre si mesmo e sua liderança.

Esses questionamentos sobre o próprio desempenho como líder e o estresse diante dos conflitos causados pela imaturidade da equipe são potenciais disparadores de episódios e crises de ansiedade.

Expectativa desproporcional por parte da empresa

Outro ponto importante nas síndromes ansiosas vinculadas aos cargos de liderança é que existem empresas ou setores que elevam o líder ao patamar de salvador ou herói. No início, isso pode estar disfarçado de bajulação e valorização, e até faz uma excelente "massagem" no ego dos líderes, gerando prazer e prestígio.

Inevitavelmente, uma metamorfose de expectativas transformará esta condição em excesso de cobrança e obrigações, que podem ser inversamente proporcionais ao prazer experimentado por quem foi elevado a esse patamar.

Assim, o líder se vê obrigado a realizar coisas que não dependem só dele, o que pode trazer um represamento de frustrações, desencadeando episódios de ansiedade, bem como desencanto com a empresa e a equipe.

Essas situações podem ser muito prejudiciais do ponto de vista da saúde mental do líder, pois em nossa cultura a exigência por nos tornarmos grandes líderes nos faz também corresponsáveis por essas frustrações, aumentando o potencial dos estados ansiosos e depressivos no contexto laboral.

Possíveis Intervenções

Se a base fundamental das síndromes ansiosas são o medo e o controle, é possível educarmos nossa energia e nossas escolhas para reavaliarmos nossa liderança, migrando para um estilo humanizado de gestão. Isso inclui autocuidado, autocompaixão e certamente uma dose considerável de autoconhecimento, para protagonizarmos uma liderança que seja saudável para nós e para nossa equipe.

As síndromes ansiosas podem ser extremamente prejudiciais para a vida de um líder; permitir-se fluir, em vez de controlar tudo, é um passo importante no enfrentamento dessa condição de adoecimento. Isso inclui buscar ajuda profissional não apenas para intervenções, mas também para promoção da saúde integral de forma preventiva.

Independentemente de qual nível de ansiedade você esteja enfrentando, não hesite em procurar apoio e orientação profissional, pois as intervenções precoces podem poupar muitos prejuízos emocionais, relacionais, físicos e econômicos.

Nota fundamental: para todos os casos graves de ansiedade, considera-se necessária a construção de uma rede de apoio articulada por um profissional capacitado, a fim de minimizar os danos e prejuízos emocionais, bem como elaborar estratégias de proteção, atenuando o sofrimento, sempre na busca por projetos terapêuticos singulares que tenham como objetivo a superação das situações enfrentadas.

DEPRESSÃO E LIDERANÇA

AVISO: as informações abaixo têm o objetivo de ampliar a compreensão sobre os psicodiagnósticos relacionados à depressão e não servem para autodiagnóstico, visto que apenas um profissional habilitado tem as competências necessárias para isso.

Depressão não é excesso de passado!

Essa também é uma afirmação equivocada e reducionista, assim como a afirmação da ansiedade, até porque a temporalidade é um elemento muito complexo, e na vivência depressiva podem existir fatores de desesperança com o futuro.

De acordo com Dalgalarrondo, do ponto de vista psicopatológico, as síndromes depressivas se caracterizam por uma multiplicidade de sintomas afetivos, instintivos, neurovegetativas, ideativos e cognitivos que afetam a vontade, a autovaloração e a psicomotricidade. Têm como elementos mais salientes o humor triste e o desânimo.

Como já citado, segundo levantamento da OMS (Organização Mundial da Saúde), a depressão maior unipolar é considerada a primeira causa de incapacidade entre todos os problemas de saúde. Podemos pensar, para além das descrições psicodiagnósticas, que a depressão é a vivência da despotencialização humana, um achatamento existencial, o obscurecimento existencial.

A ideia de que uma nuvem cinza vai se aproximando do nosso céu encobrindo o sol e a beleza do horizonte vagarosamente se aproxima e, sem percebermos, o tempo passa... quando nos damos conta, a escuridão nos impede de ver, de sentir, de fazer, de sonhar!

A depressão é um tipo de desespero de viver; um padecer dos vínculos existenciais, como que uma presença prolongada da ausência; uma conversa entre a melancolia e a nostalgia, em que o assunto, sem dúvidas, é o vazio, o nada, a angústia.

Tipos de Depressão

Da mesma forma que a ansiedade, podemos falar de depressões, no plural, pois este também é um fenômeno complexo multideterminado. Partindo do DSM 5, podemos citar dois tipos de depressão.

Transtorno depressivo maior

As características do transtorno depressivo maior consistem em humor deprimido, insônia e fadiga. A característica essencial de um episódio depressivo maior é um período de pelo menos duas semanas durante as quais há um humor depressivo ou perda de interesse/prazer em quase todas as atividades.

Transtorno depressivo persistente (distimia)

A característica essencial do transtorno depressivo persistente (distimia) é um humor depressivo que ocorre na maior parte do dia, na maioria dos dias, por pelo menos dois anos.

Percebe-se que o maior diferencial entre eles é o tempo de prolongamento do quadro clínico e da vivência depressiva. Podemos afirmar que inúmeros sintomas compõe a depressão, apresentando manifestações diferentes em cada pessoa.

Sintomas

Segundo Dalgalarrondo, os sintomas mais comuns das depressões são: tristeza persistente, sentimento de melancolia, apatia (indiferença afetiva), sentimento de tédio, aborrecimento crônico, irritabilidade aumentada (ruídos, pessoas, vozes), angústia ou ansiedade, desespero, desesperança, fadiga/perda de energia.

Somam-se a esses sintomas outros que também podem servir de indicadores, como alteração no sono e no apetite, pessimismo exacerbado, pensamentos de morte ou suicídio, retardo ou agitação psicomotora, o que frequentemente leva a pessoa a um isolamento social.

É importante salientar que apenas um profissional habilitado pode dar um psicodiagnóstico, visto que a avaliação depende de fatores como o conjunto dos sintomas presentes e suas respectivas manifestações.

Fatores de risco ligados à liderança

Desilusão com a carreira profissional

Carreira é coisa séria, é projeto de vida. Detalharemos isso um pouco mais adiante, entretanto é indispensável reconhecermos que muitas vezes fazemos escolhas profissionais a partir de vários fatores, como: sonho e expectativas dos pais, desejos e influência de amigos, desejos próprios, possibilidade de ascensão econômica, prestigio social, oportunidades aleatórias, necessidades financeiras, dentre tantos outros.

O trabalho é o local de grande realização social, é onde alimentamos nosso senso de produtividade e transbordamos quem somos naquilo que fazemos. Assim, quando as escolhas que fizemos não refletem a satisfação almejada, quando começamos a nos sentir vazios de propósito e sentido de vida, quando a nossa profissão não nos traz prazer e realização, uma sensação de desamparo e descontentamento pode desencadear episódios depressivos relacionados ao contexto do trabalho.

Estes episódios podem evoluir a medida que não encontramos outras formas de realização, e assim se transformarem em síndromes depressivas.

O líder por vezes se encontra diante de dilemas relacionados à carreira, muitas vezes abre mão de uma evolução técnica para se aventurar pelo contexto da gestão de pessoas, e isso nem sempre resulta na realização das expectativas que criou.

> **Ser promovido a um cargo de liderança nem sempre é uma evolução.**

Pense nisso!

Cuidar das nossas escolhas, alinhar as expectativas e estar aberto a novas possibilidades são um bom remédio para o enfrentamento dessas desilusões.

Falta de perspectiva ou crescimento (irrelevância profissional)

Existem empresas que não têm clareza sobre o plano de carreira que podem oferecer, tanto verticalmente quanto horizontalmente.

Transferem para os funcionários o dever de, por meio de tentativa e erro, obterem a própria evolução.

Quando passamos anos no mesmo cargo fazendo as mesmas coisas, como se os anos se repetissem, experimentamos uma sensação de irrelevância profissional que gradativamente alimenta tristeza e decepção conosco e com a empresa. A desmotivação vai aumentando, e essas possíveis situações, aliadas a outras predisposições temperamentais, genéticas e sociais, potencializam o surgimento de episódios depressivos.

Cuidar de nós é também ter clareza do que realmente queremos da nossa vida profissional e, assim, construir estratégias pessoais, avaliando se teremos condições de avançar e nos sentir plenos no projeto de vida e na empresa em que trabalhamos.

Não é só a empresa que deve avaliar o desempenho dos líderes. Os líderes humanizados e de alta performance também avaliam as empresas que trabalham e estão constantemente alinhando suas expectativas com as condições organizacionais, podendo culminar em busca por novas oportunidades.

A ideia de que temos que trabalhar décadas no mesmo lugar já não é premissa de sucesso. Ao menor sinal de episódios depressivos relacionados ao seu contexto laboral, busque ajuda profissional para se "reinventar"!

Liderança imediata opressiva

Se existe um ponto de atenção importantíssimo no contexto de episódios depressivos relacionados ao ambiente laboral é a qualidade dos nossos líderes.

Como relatei ao abordar a ansiedade, líderes opressivos, que balizam sua liderança à beira do assédio moral, têm uma grande capacidade de fazer estrago na vida das pessoas.

Uma maneira didática de apresentar o risco de uma liderança opressiva para equipes e empresas é com os quadrantes abaixo:

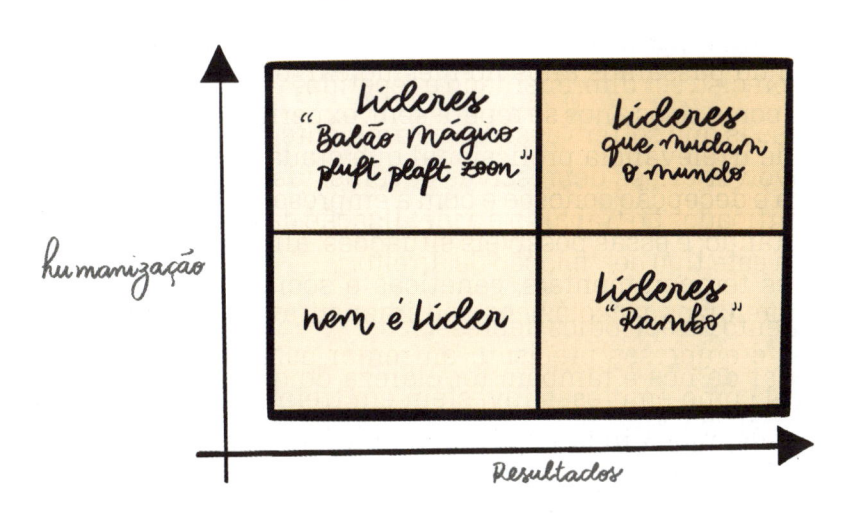

[Matriz 2x2 com eixos "humanização" (vertical) e "Resultados" (horizontal):
- Superior esquerdo: Líderes "Balão mágico pluft plaft zoom"
- Superior direito: Líderes que mudam o mundo
- Inferior esquerdo: nem é líder
- Inferior direito: Líderes "Rambo"]

Perceba que não basta ser um líder extremamente humanizado e não conseguir traduzir suas competências em vantagem competitiva e resultados para a empresa. Muita humanização e pouco resultado é o líder Pluft-Plaft Zoom, quase um mestre zen, filosófico demais e pouco prático, capaz de se afundar com a empresa e com a equipe sem perder a "paz".

O líder com muito resultado e pouca humanização (Rambo), por sua vez, deixa um rastro de sofrimento que culmina, na maioria das vezes, em crises ou episódios depressivos de membros da equipe. Muitos ainda conseguem fazer com que a sensação de fraqueza dos subordinados seja usado a favor da sua opressão. É como o personagem do Capitão Nascimento, que acha que vai forjar o caráter e os resultados da equipe com o "pede pra sair", que vemos com recorrência em ambientes militares.

Agora, quando investimos em humanização com alta performance, conseguimos mudar o mundo, inspirar e formar outros líderes com assertividade.

ASSÉDIO MORAL OU SEXUAL; PRECONCEITO E DISCRIMINAÇÃO

Seria praticamente dispensável este parágrafo, mas aprendi que o óbvio precisa ser dito, ensinado e repetido.

Pessoas que sofrem assédio no ambiente de trabalho tendem a desenvolver crises depressivas severas, visto que a relação com os significados do trabalho e a idealização de realização é destruída com este tipo de violação de direito.

Os prejuízos psicológicos são imensuráveis quando equipes, líderes e empresas precisam enfrentar este tipo de situação. É incrível como empresas investem em treinamentos técnicos, de qualidade, mas ainda negligenciam a formação psicológica dos profissionais. Falar sobre isso com lideres é fundamental, capacitando-os e conscientizando-os frequentemente.

As síndromes depressivas podem ser deflagradas por traumas e situações de violação de direito, gerando sofrimento e prejuízos econômicos, processos jurídicos, constrangimento e afetando o clima organizacional.

Outro tipo de violação de direito que potencializa os riscos à depressão são os preconceitos e a discriminações que profissionais e líderes enfrentam em seu cotidiano.

Tratamos dos desafios para líderes equipes relacionados à singularidade nos capítulos referentes. Aqui reafirmo que pobre e medíocre é a pessoa que julga a maturidade e competência de alguém pela roupa que ele veste, pelo tipo e cor de cabelo, pela cor da pele, pela religião/fé que professa, entre tantas outras formas de discriminação.

Ainda existe muito preconceito velado e muita discriminação a serem enfrentados no ambiente organizacional. Acredito que poucas pessoas estão empoderadas o suficiente para enfrentar com coragem essas situações, visto que o medo de sofrerem retaliação inibe as denúncias necessárias.

Paternalismo

Muitos líderes usam ou sofrem com este ponto. O paternalismo caracteriza-se pela demasiada proteção e privilégios que pessoas recebem no ambiente organizacional, o que acaba por favorecer a ascensão de alguns em detrimento de outros. A meritocracia só funciona se antes se respeita o princípio da equidade, já mencionado em capítulos anteriores.

Diante de atitudes paternalistas, alguns profissionais e líderes podem experimentar frustrações pelo desprezo ao seu desempenho, o que considero como fator de risco para episódios depressivos, visto que as vivências emocionais nesse tipo de situação despotencializam as crenças de autoeficácia de quem se dedica ao autodesenvolvimento.

Falta de identidade com a função

Ser líder é lidar com a condição humana em sua integralidade. Nunca lideramos apenas os braços ou o cérebro das pessoas, não fragmentamos os colaboradores para usarmos as partes que precisamos.

A pessoa, no conceito da humanização, é integral. Por isso, se tenho baixa tolerância à frustração, se não me identifico com as competências essenciais para exercer uma liderança saudável e se tenho clareza de que não me realizo profissionalmente nesse papel, certamente essa falta de identidade custará algumas experiências de sofrimento que podem culminar em crises depressivas deflagradas pelo contexto laboral.

Se posicionar com firmeza e leveza diante de insistências para que você assuma tais funções é uma excelente alternativa, que lhe garantirá saúde, bem-estar, vida de qualidade e proteção contra os fatores de risco ao adoecimento psíquico.

COMPETIÇÃO PREDATÓRIA

Outro fator de risco é o conflito de interesses alimentado pelas competições entre líderes, setores da empresa e profissionais. Saber colaborar e cooperar dentro para competir fora (com os concorrentes) ainda é uma realidade distante para muitos líderes.

Já presenciei disputas entre turnos da *mesma* linha de produção, do *mesmo* setor, da *mesma* empresa. Enfatizo o "mesmo(a)" porque essa atitude se assemelha a uma equipe em um barco no qual cada pessoa esta remando para uma direção.

Essa "esquizofrenia corporativa" só corrobora a necessidade de nutrirmos a visão sistêmica do líder para que ele promova integração dos profissionais e equipes.

Até hoje não conheci um líder com mais de dois anos na função que não tenha experimentado algum tipo de competição interna na empresa. Alguns acreditam que alimentar a competição é uma forma de alavancar os resultados. Cuidado! Aqui, a pergunta é: qual será o custo desta estratégia? Nunca acenda um "fogo" que não consiga controlar.

COMUNICAÇÃO VIOLENTA

A comunicação não violenta (CNV), proposta por Marshall Rosenberg, trouxe contribuições preciosas para o campo da saúde integral. Quando violentamos as pessoas por causa das nossas necessidades psicológicas, aumentamos o risco de adoecê-las, diminuímos o respaldo da nossa liderança e adoecemos também.

O ato de falar e o ato de ouvir podem ser determinantes na potencialização de episódios depressivos ou na manutenção da saúde e segurança psicológica dos líderes e equipes.

Perceba que a necessidade humana de interação é uma necessidade de sobrevivência. Somos porque interagimos com os outros.

A qualidade dessa interação pode ser tanto um fator de proteção como um fator de risco ao sofrimento emocional.

Manipulação emocional

Toda manipulação emocional é um ato de violência psicológica. Sem percebermos, estamos em situação de risco ao adoecimento emocional por estarmos expostos a relações no ambiente laboral que se baseiam na manipulação.

A manipulação emocional, como descrevemos no capítulo sobre o conceito do triângulo de Karpman[8], impede o desenvolvimento saudável nas relações de trabalho. Normalmente ela se manifesta de maneira sutil e despretensiosa, vai ganhando território e minando a motivação e o engajamento do líder e das equipes, justamente por impedir a criação de vínculos autênticos e saudáveis entre as pessoas. É por isso que ela é um fator de risco aos episódios depressivos.

Usar estratégias de manipulação emocional para liderar é ferir a ética primária da liderança, abrindo caminhos para a desumanização do outro em prol dos "resultados". É coisificar as pessoas, usá-las e, possivelmente, descartá-las quando não forem mais úteis.

Quanto vale o outro para você?

Ambientes contraditórios

"Faça o que eu digo, mas não o que eu faço!" Quanto maior é a contradição que podemos suportar no ambiente de trabalho, maior é o corrompimento da nossa ética.

Quando nos deparamos em nosso cotidiano laboral com realidades contraditórias, tendemos ao desinteresse e ao desengajamento profissional. Investir em diminuir a distância entre o que

---

8 EDWARDS, Gill. *El triángulo dramático de Karpman: Cómo trascender los roles de perseguidor, salvador o víctima. Establece relaciones personales saludables.* 1. ed. Gaia Ediciones, 2011.

falamos e o que fazemos é o antídoto eficaz contra os fragmentos de frustração que potencializam os episódios depressivos.

A energia psíquica que precisamos mobilizar para superarmos os ambientes de trabalho com grandes contradições quase sempre nos custa algum nível de sofrimento, que, aliado a outros fatores de risco, pode deflagrar crises depressivas.

RISCO DE DEMISSÃO

Este é um ponto conhecido por praticamente todos. Todo desligamento é um processo de luto emocional, quebra de vínculos e, consequentemente, de descarga emocional e frustração. Assim, tendemos ao desânimo quando percebemos que estamos na mira de uma demissão.

Este fator pode facilmente disparar um episódio depressivo, que tem o potencial de evoluir para crises e transtornos, se o profissional não encontrar perspectivas de superação dessa experiência com uma recolocação a curto prazo.

Costumo dizer que conhecemos realmente as pessoas e as empresas quando passamos por processos de desligamento, e não quando somos contratados.

Nota fundamental: para todos os casos graves de depressão, considera-se necessária a construção de uma rede de apoio articulada por um profissional capacitado, a fim de minimizar os danos e prejuízos emocionais, bem como elaborar estratégias de proteção, atenuando o sofrimento, sempre na busca por projetos terapêuticos singulares que tenham como objetivo a superação das situações enfrentadas.

Possíveis Intervenções

A depressão é extremamente incapacitante, sendo assim, uma rede de apoio articulada por um profissional da saúde é fundamental para o manejo da situação.

Quanto antes a procura por ajuda profissional acontecer, maior será o êxito do tratamento, encontrando, por intermédio do diagnóstico diferencial, a melhor intervenção para cada caso.

Abrir canais de escuta especializada e treinar os líderes para ouvirem com mais técnica os possíveis sinais de sofrimento por síndromes depressivas são um bom começo, ampliando a escuta e o acolhimento dos profissionais, bem como edificando um ambiente mais humanizado no trabalho.

Promover rodas de conversa com o objetivo de escutar os líderes e suas angústias é um caminho promissor para a promoção da saúde integral. Um processo educativo sobre saúde mental e depressão pode apoiar não só os líderes e equipes, como também seus familiares que podem estar sofrendo com essas situações.

BURNOUT E LIDERANÇA

AVISO: as informações abaixo têm o objetivo de ampliar a compreensão sobre os psicodiagnósticos relacionados ao burnout e não servem para autodiagnóstico, visto que apenas um profissional habilitado tem as competências necessárias para isso.

Burnout

Antes de mais nada, é importante destacar que, do ponto de vista das ciências do comportamento humano, muitas situações de adoecimento estão sendo mapeadas recentemente e ainda requerem estudos e aprofundamento para que tenhamos clareza nas definições e na atuação.

Este é o caso do *burnout*, tão falado nos dias atuais, sendo um psicodiagnóstico ligado exclusivamente ao campo profissional dos indivíduos. Poucos anos atrás, as discussões sobre saúde ocupacional, bem como a atuação dos departamentos organizacionais responsáveis por tal demanda não incluíam de maneira estruturada as questões de saúde mental. Ainda, em muitas empresas, a saúde ocupacional é regida pela lógica do corpo físico, mediante prevenções e intervenções auditivas, *check-ups* corporais padronizados, testes de visão, dentre outros elementos que desconsideram a saúde psicológica.

Para se ter uma ideia, o *burnout* ainda não tem uma classificação específica nos manuais DSM 5 e CID 10 (provavelmente será contemplado na publicação do CID 11), mas isso não significa que não temos elementos relevantes para tratarmos do tema.

Para a OMS, *burnout* "é uma síndrome conceituada como resultante do estresse crônico no local de trabalho que não foi administrado com sucesso" — definição que provavelmente constará no CID 11.

Ele está estruturado nos traumas estressores exclusivamente relacionados ao ambiente organizacional/laboral. De acordo com Oliveira[9], o *burnout* pode ser confundido com estresse, visto que os sintomas são correlatos, e os efeitos, muito próximos, como a incapacidade de se recompor de uma ruptura com o bem-estar individual.

É importante ressaltar que existem estressores que nos ajudam na proteção, como é o estado de alerta, fundamental para desenvolvermos atenção e bom desempenho em determinadas

---

9 OLIVEIRA, Roseli M. Kühnrich de. Estresse e burnout: aprendendo a ter qualidade de vida. In: WONDRACEK, Karin; HOCH, Lothar Carlos; HEIMANN, Thomas. (Org.). *Sombras da alma — tramas e tempos da depressão*. 1ed. São Leopoldo: Sinodal, 2012. p. 10-250.

atividades, mas não é a esse tipo de estressores que estamos nos referindo aqui.

A questão principal no desencadeamento do *burnout* não é o volume de trabalho em si, mas o ambiente de trabalho.

Sintomas

Em termos de sintomas, podemos destacar três elementos fundamentais:

1. Sensação de esgotamento ou esgotamento de energia.
2. Aumento da distância mental do trabalho; sentimentos de negativismo ou cinismo relacionados ao trabalho.
3. Redução da eficácia profissional.

A exaustão emocional causa o esgotamento de energia, o que afeta as competências já desenvolvidas nos profissionais para lidar com as rotinas práticas da profissão. Essa exaustão é a tradução prática da palavra *burnout* ("queimar fora"), exatamente porque o que acontece é o deslocamento da energia existencial que se dissipa sem nenhuma sensação de avanço ou realização. É como acelerar o carro a fim de gastar os pneus, rodando em falso no asfalto, até que os pneus estourem.

Alguns sintomas podem ser destacados: fadiga física e/ou mental, dores de cabeça, dores generalizadas, alteração no sono e disfunções sexuais. Além disso a pessoa com *burnout* pode desenvolver transtornos no aparelho digestivo, como alteração no apetite.

É de conhecimento dos profissionais da saúde mental que alguns sintomas que podem aparecer nas síndromes depressivas também se desenvolvem no *burnout*, sendo necessário um diagnóstico diferencial para se alcançar assertividade na identificação das implicações na saúde mental. São eles: irritabilidade, ansiedade, inflexibilidade, perda de interesse, visão/percepção negativa ou pessimista sobre o futuro, sobre si mesmo e sobre as pessoas.

Esses sintomas emitem alguns sinais comportamentais como: evitamento de reuniões, esquiva de novas tarefas e projetos, diminuição do contato visual com as pessoas, uso de adjetivos depreciativos, resistência a mudanças e transferência de responsabilidades, como aponta Oliveira.

Além desses, a redução dos contatos sociais, a desvalorização do lazer, a negligência nos cuidados pessoais, a automedicação e a resistência em buscar ajuda com certeza afetam o quadro de *burnout*, podendo culminar em outros agravamentos da doença.

Fatores de risco ligados à liderança

De acordo com Oliveira, as pessoas mais predispostas à síndrome de *burnout* são as de personalidade dinâmica, que exercem liderança e têm grandes responsabilidades, são idealistas, mas, muitas vezes, estão diante de metas irrealistas.

Excesso de trabalho sem conexão pessoal

Em minha prática como psicólogo organizacional e consultor, assim como minha prática clínica, observei com muito cuidado esse tema crescer em presença e importância ao longo dos últimos cinco anos.

Quando falo sobre conexão pessoal no trabalho, não estou me referindo apenas à intersecção necessária entre os interesses do profissional e os interesses da empresa. Refiro-me principalmente ao oposto do trabalho alienado: à construção da visão sistêmica, à clareza de propósito, à conexão entre a visão de mundo e a atuação competente do profissional em plena capacidade de se conectar com os resultados finais do seu trabalho.

Não conectamos apenas pessoas com funções a serem exercidas; conectamos histórias de vida, e é exatamente isso que precisa ser esclarecido de maneira frequente, pois somos capturados cotidianamente pelas tarefas e demandas das funções que exercemos, e da liderança em que atuamos.

Muito facilmente deixamos de olhar o todo e passamos a valorizar a tarefa pela tarefa, reduzimos nosso olhar e nos dessensibilizamos do que estamos fazendo, passamos a ser mecanismos de uma engrenagem e, enfim, nos desconectamos do todo.

Esse processo de alienação alimenta conflitos intrapessoais e interpessoais e suga a energia de realização. Assim, essa desconexão vai se transformando em um fator de risco para o adoecimento psíquico, podendo deflagar uma crise de *burnout*.

Conflitos éticos

Os conflitos éticos são, na mesma medida, um ponto de tensão que funciona como um estressor poderoso. Quando combinado com outros fatores de risco, podem desencadear *burnout*, principalmente por tensionarem as necessidades e os valores pessoais.

Percebo muitas vezes como os profissionais estão constantemente experimentando situações constrangedoras que, em sua maioria, são disparadas pelas lideranças: mentir com números para ocultar erros de tomada de decisão; omitir problemas de qualidade ou técnicos para evitar punições; negligências relacionadas ao cuidado e à gestão de pessoas; exigências incisivas para fazer tarefas que caracterizam desvio de função, dentre outras situações que promovem pressões emocionais potentes o suficiente para desencadearem sofrimento psíquico.

Remuneração desproporcional

Este é um ponto importante que deve ser pauta quando o assunto é *burnout*. Em breves observações diárias pelas publicações da minha rede de contatos no LinkedIn, percebi, no último ano, inúmeras queixas de vagas que exigem alto grau de competências e comprometimento de entrega com baixa remuneração. Isso mesmo, e tenho certeza de que você já viu algo parecido, já viveu ou conhece alguém nessa condição.

Isso sem falar nas disparidades de remuneração entre gêneros, já que homens recebem mais para realizar a mesma função que as mulheres, que são desvalorizadas pela estrutura machista que ainda presenciamos no ambiente corporativo, sem falar na baixa representatividade de mulheres nos cargos de liderança.

A necessidade de sobrevivência se sobrepõe à humanização, empurrando profissionais a aceitarem fazer muito por pouco, e exatamente o que parecia uma saída plausível se torna uma prisão emocional.

Nesse ponto, a única forma de superação é a militância por dignidade e respeito profissional; conhecer e lutar ativamente pela garantia dos direitos adquiridos pelos órgãos de regulamentação das profissões e pela Consolidação das Leis Trabalhistas.

METAS INATINGÍVEIS

Pessoas governadas pela necessidade de aceitação confundem resiliência e superação com utopia; dizem "sim" para serem amadas e usam isso no trabalho como forma de se sentirem seguras em seus empregos, não se opondo a absurdos como as metas inatingíveis.

Na ideia de que é melhor "mirar na lua para, pelo menos, atingir as estrelas", muitos líderes, usando dessa e de outras falácias estratégicas, promoverão o sofrimento e o adoecimento emocional vinculados ao *burnout* (tanto para si quanto na equipe).

Quero ressaltar que muitas vezes o adoecimento por *burnout* combina mais de um fator de risco, o que gradativamente ganha contornos mais definidos e aumenta os prejuízos emocionais vivenciados pelos líderes.

O líder é o representante humano dos objetivos a serem atingidos. Se eles são uma utopia, a sua liderança também será! Além disso, ainda deixará um rastro de sofrimento e desilusão profissional.

MUDANÇAS CONSTANTES

Mudar é preciso. Mudar sempre que é preciso é flexibilidade; mudar sempre por falta de planejamento e visão é patológico.

Alguns ambientes profissionais não conseguem realizar mudanças de maneira assertiva e "cirúrgica", mudam por mudar, realizam a gestão de "tentativa e erro" e acabam por provocar um ambiente desconectado dos objetivos da empresa, bem como criam uma atmosfera de insegurança e desengajamento.

Constantemente precisamos evoluir em nosso aprendizado, desenvolvendo novas competências, entretanto não é provocando mudanças constantes que alcançamos a otimização.

Existem líderes que realizam diversas mudanças ao mesmo tempo, querem aproveitar a "onda" e mudar tudo e todos, de uma vez só. O que acontece, como efeito colateral desse tipo de gestão, é o desgaste emocional dos profissionais que, na maioria das vezes, reduzem sua capacidade de desempenho por estarem constantemente se conectando e se desconectando dos projetos e estratégias.

Tudo se torna provisório, e, assim, tanto o líder quanto a equipe absorvem as mudanças na expectativa de que "agora vai dar certo". Porém, internamente, dizem para si mesmos: "vamos ver até quando vai durar".

Os impactos das mudanças constantes produzem faíscas de desmotivação que podem evoluir para uma crise emocional vinculada ao *burnout*.

Ambientes vorazes

Estimular a competição predatória, como vemos no estilo de liderança em *O Lobo de Wall Street*, é elevar o grau de risco do adoecimento emocional à enésima potência. Somente os mais desumanos sobrevivem nesse contexto, e, se estamos falando de uma liderança humanizada e de alto desempenho, devemos combater e abolir esse tipo de estratégia.

Um ambiente voraz é um ecossistema de desgaste emocional que se alimenta da competição predatória. Estaremos sempre tentando melhorar à custa da eliminação dos outros; é como a trilogia *Jogos Vorazes*, em que a traição passa a ser a norma para se obter os resultados.

Esses ambientes aspiram a uma atmosfera de poder que se confunde com liderança. É como um grande espetáculo de conflito de egos, em que a arena é o setor ou a empresa.

Elevar o estresse causado por ambientes assim, a fim de alcançar resultados, é uma prática perversa e tóxica do ponto de vista emocional, assim como revela o lado desumanizado da liderança.

Essa prática também pode ser sutil, estimulando, de maneira velada, competições, através de fofocas e conflito de interesses. Esses aspectos, quando não são combatidos pelos líderes, se tornam estressores venenosos para a vida das pessoas.

Possíveis Intervenções

Do aumento do estresse somado à baixa da performance, inevitavelmente surgem sintomas que, quando se agrupam, vão gradativamente "instalando" o *burnout*.

O *job crafting* é uma estratégia recente cujo objetivo é redesenhar o sentido do trabalho e das funções que as pessoas exercem, por intermédio delas mesmas. Assim, os líderes e profissionais conseguem ressignificar sua função, abrindo possibilidades para melhorar seu engajamento e os resultados da empresa.

Benefícios como a valorização da função, maior sensação de bem-estar, ampliação do senso de pertencimento, comprometimento, dentre outros, são percebidos quando essa estratégia é implementada com sucesso.

O estudo realizado por Wrzesniewski e Dutton[10] revelou que existe um potencial em agregar valor emocional ao profissional com algumas atitudes, mesmo que aparentemente pequenas, sempre que vinculadas a criar conexão e alinhamento entre os propósitos e interesses pessoais e corporativos.

Costumo dizer que toda função profissional está exposta a construções de significados diferentes; assim, com o *job crafting*, pessoas exercendo a mesma função podem se conectar de maneira humanizada e diferente com seus cargos e funções.

Para quem atua em *home office*, ele pode se tornar um *home care*! Pequenas práticas de descompressão emocional, de acordo com atividades com as quais você se identifica, podem ser aliadas poderosas para aliviar os níveis de estresse vinculados ao trabalho.

Intervenções precoces nos primeiros sinais de *burnout* ajudam os líderes e profissionais a evitarem prejuízos maiores em suas vidas, por isso não hesite em pedir ajuda!

---

10 WRZESNIEWSKI, Amy; DUTTON, Jane E. Elaboração de um trabalho: revisando funcionários como criadores ativos de seu trabalho; *Academy of Management Review*, v. 26, n. 2, 1 abr. 2001.

SUBSTÂNCIAS PSICOATIVAS E LIDERANÇA — A PROBLEMÁTICA DAS DROGAS

AVISO: as informações abaixo têm o objetivo de ampliar a compreensão sobre os psicodiagnósticos relacionados ao uso de substâncias psicoativas (SPAs) e não servem para autodiagnóstico, visto que apenas um profissional habilitado tem as competências necessárias para isso.

O uso de substâncias psicoativas caracteriza-se pelos significados que cada pessoa constrói com relação às substâncias químicas que apresentam ação definida sobre o sistema nervoso central, afetando diretamente a dinâmica psíquica.

Nas classificações do DSM 5 e do CID 10, as síndromes relacionadas às SPAs se encontram agrupadas nos transtornos obsessivo-compulsivos.

Dalgalarrondo define que uma substância psicoativa é qualquer substância que, quando ingerida, modifica uma ou várias funções do sistema nervoso central, produzindo efeitos psíquicos e comportamentais.

Faz-se necessário ressaltar que essa prática é muito antiga e intercultural, visto que a exploração de substâncias dessa natureza data de sociedades primitivas, do ponto de vista histórico.

Os efeitos mais comuns, de acordo com Dalgalarrondo, são as sensações de prazer e excitação, ligadas às áreas de recompensa do cérebro. As síndromes relacionadas ao uso de substâncias psicoativas são certamente fenômenos multideterminados, com várias possíveis causas, incluindo fatores relacionados ao trabalho. Por isso, abordaremos, de maneira pontual e relevante, os aspectos que estejam relacionadas a lideranças e às respectivas equipes e que podem influenciar ou até determinar o surgimento dessas práticas.

Níveis de uso de SPAs e características

Uso recreativo

O uso recreativo funciona como agregador social e promove sensação de pertencimento a determinado grupo de pessoas ou de ideologias relacionadas à substância ou à prática do uso.

Esse uso não tem regularidade, acontece de forma espontânea, de acordo com o contexto em que a pessoa está inserida. Também pode estar relacionado a situações específicas que envolvem curiosidade ou alívio psíquico de desconforto ou sofrimento emocional.

Intoxicação

Podemos definir a intoxicação como episódio reversível que produz alteração de consciência, afetando de maneira perceptível o comportamento da pessoa em diversos níveis, trazendo prejuízos para a saúde e para as relações sociais, ainda que de forma pontual.

Uso abusivo e dependência

De acordo com Dalgalarrondo, a recorrência e o aumento da intensidade e quantidade do uso produzem dependência. Neste caso, os prejuízos e sofrimentos se tornam clinicamente significativos. As relações sociais e o trabalho passam a ser afetados com perda de produtividade, perda de foco, atrasos e faltas.

Outros sintomas do uso de SPAs podem estar diretamente relacionados a episódios psicóticos, alucinações (alterações na sensopercepção sem controle voluntário) e delírios (crenças fixas, não passíveis de mudança à luz de evidências conflitantes), como o delírio persecutório, estruturado na ideia de que os outros estão, de alguma maneira, perseguindo a pessoa para lhe causar prejuízos. Esses aspectos podem ser prolongados ou intermitentes e causar prejuízos residuais no comportamento do usuário, assim como também desencadear outras doenças para as quais haja predisposição, como esquizofrenia e demência.

Sintomas

Como descrito anteriormente, os sintomas podem variar e muito, de acordo com o tipo e o tempo de uso e a quantidade de substância usada.

Obsessões, compulsões, beliscar a pele, arrancar o cabelo são outros comportamentos repetitivos focados no corpo, bem como os sintomas característicos do transtorno obsessivo-compulsivo.

No entanto, esses sintomas normalmente precedem o uso das SPAs, independentemente de serem decorrentes do uso de álcool, opioides, canabinoides, sedativos, cocaína, dentre outros estimulantes, incluindo cafeína, alucinógenos, tabaco, solventes, medicamentos ou até o uso combinado de substâncias.

Como sintoma, podemos observar também uma condição transitória de perturbação no nível de consciência, cognição, percepção, afeto ou comportamento.

O interessante nesses casos é que nem sempre os sintomas de intoxicação refletem as ações primárias da substância. Um bom exemplo é que drogas depressoras podem levar a sintomas de agitação ou hiperatividade, e drogas estimulantes podem levar a comportamento socialmente retraído e introvertido.

No caso da dependência, o uso da substância passa a ter prioridade em relação a outros comportamentos e responsabilidades que anteriormente tinham mais valor.

A alteração no comportamento gera prejuízos que afetam diretamente os familiares, amigos e a carreira profissional, podendo culminar em dívidas financeiras e risco para saúde, da pessoa e dos familiares.

Estes sintomas nos ajudam, ainda, a ampliar a nossa compreensão e identificação de casos de uso de substâncias psicoativas: dificuldade em controlar o comportamento diante de frustrações; angústias persistentes combinadas com comportamentos agressivos; abandono progressivo de prazeres ou interesses alternativos; estados de humor depressivos; e estreitamento do repertório pessoal nas situações cotidianas.

Fatores de risco ligados à liderança

Exposição

Se existe algo inevitável em qualquer cargo de liderança é a exposição. A visibilidade aumenta à medida que o líder vai galgando níveis mais elevados de liderança. Se, por um lado, isso é positivo, também pode ser um disparador para o início ou o aumento do uso de SPAs caso a maturidade emocional para tal exposição não esteja proporcional a ela.

Perguntas implícitas de todos que estão nos observando no desafio de liderar e que ficam rodeando o imaginário da equipe:

- O líder terá sucesso?
- Ele mudará os processos e a estratégia?
- Conseguirá obter os recursos dos quais precisamos?
- Manterá a equipe?
- Será que ele vai mudar, agora que tem todo esse poder?
- Será que ele vai favorecer as pessoas que gosta?

Essas e outras perguntas fazem parte do contexto de julgamento das pessoas que interagem com os líderes, sejam eles recém-promovidos ou não. A exposição pode gradativamente roubar a privacidade, elevar o líder à fama e, às vezes, o torna até uma celebridade. E é aí que está o perigo! Artistas, músicos, cineastas, entre tantas outras profissões de exposição midiática, têm que lidar diariamente com a angústia da exposição, assim como líderes que podem desenvolver comportamentos ligados ao uso de substâncias na busca por alívio ou melhoria do desempenho.

Esse fator de risco pode afetar e muito a vida de um líder e de sua equipe, entretanto é um assunto ainda pouco discutido, por ser um tabu na vida dos profissionais de alto desempenho. Uma liderança humanizada precisa reconhecer os efeitos nocivos da exposição, preparando-os para novos níveis de responsabilidade e visibilidade.

A fama, o reconhecimento e a exposição colocam os profissionais na mira dos julgamentos e da inveja, o que, combinado com outras predisposições, pode deflagar o uso de SPAs e, consequentemente, os prejuízos já citados.

Pressão por desempenho

Outro fator de risco ligado à liderança para o uso de SPAs é a pressão por desempenho, que pode vir tanto dos superiores, da empresa, da equipe e da família.

Assumir um cargo de liderança é um aspecto de crescimento e evolução para qualquer profissional, desde que este tenha clareza e maturidade emocional para lidar com as cobranças inerentes às funções.

Muitas vezes os familiares atuam potencializando as cobranças pelo desempenho do líder, visto que agora ele tem que dar conta dos resultados, com sua competência em conduzir o talento das pessoas. Ele se torna o grande responsável pelas estratégias e pelos resultados, mesmo que não execute diretamente a parte operacional dos processos.

As angústias diante dos resultados não alcançados e das estratégias equivocadas, que podem causar prejuízos para a empresa e até o emprego de pessoas da equipe, podem ser esmagadoras na vida de um líder, levando-o à busca por se livrar dessas pressões ou ao menos esquecê-las pontualmente.

Assim, muitos líderes passam a lançar mão do uso de SPAs como saída para se manterem aparentemente produtivos e "dando conta do recado".

Redução da autoestima por questões relacionadas à liderança

Quando estamos liderando, nossa autoestima pode variar de níveis muito positivos para níveis muito baixos. Isso acontece por causa das inúmeras demandas que o líder tem que gerenciar, como também as trocas de contexto e equipes em que atua.

Um bom resultado liderando uma equipe durante um período não garante bons resultados liderando outra equipe, em outro contexto. Na carreira de um líder, inúmeras situações desfavoráveis surgirão, e elas podem afetar abruptamente a autoestima, levando o líder a crises e sofrimento psíquico.

Como a base fundamental das substâncias psicoativas são o alívio e o prazer, alguns líderes podem usá-las como compensação dessa baixa de autoestima.

Esclarecimentos sobre saúde mental e formas mais assertivas de lidarmos com os períodos críticos na jornada da liderança podem ser apoios importantes, evitando situações que comprometam a saúde mental de líderes e as equipes.

Muitas vezes, problemas com familiares/filhos usuários de SPAs podem também afetar a autoestima dos profissionais, que acabam por se lançarem ao uso prejudicial dessas substâncias.

Frustração na carreira

Outro elemento que pode desencadear o uso de SPAs são as frustrações por escolhas de profissão ou oportunidades de empregos.

Sair da liderança de uma equipe de engenheiros e passar a liderar vendedores pode ser um grande desafio, e, quando não conduzido de maneira assertiva, é um potencial para gerar frustrações e dores emocionais vinculadas à liderança.

Fazer escolhas que afetam a carreira profissional liderando suas próprias decisões, e não decidir apenas pela expectativa dos outros, é um exercício difícil, mas necessário, se deseja evitar esses desprazeres.

Já conduzi inúmeros processos e projetos psicoterapêuticos com usuários de SPAs e afirmo que a maioria deles nunca imaginou que chegaria a um nível de dependência e prejuízo social quando fez o primeiro uso.

Existem fatores e predisposições que desconhecemos, assim como o potencial de dependência de cada substância. Nossa vida profissional e nossa carreira precisam ser intencionalmente planejadas e conduzidas de maneira saudável não apenas a curto prazo. Pense nisto: o que parece ganho hoje pode se tornar sofrimento amanhã!

Como diz o ditado popular, "nem tudo que reluz é ouro" — inclusive a liderança!

Prazos irreais para execução de projetos

E quando tudo é para ontem, menos a sua saúde mental?

Cuidado com os prazos irreais que você determina para si mesmo, para sua equipe ou os que você aceita com medo de dizer que é inviável!

Na sociedade imediatista em que vivemos, o líder precisa estar esperto e blindado contra os fatores que podem gerar uma produtividade inconsequente. Eu me lembro de ouvir um *podcast* cujo participante trabalhou por quatro anos em uma empresa e sempre se mostrou produtivo, aceitava prazos irreais como se fossem desafios a serem superados para o próprio crescimento. Acabou por ter crises de ansiedade e, para atenuar, começou a ingerir bebidas alcoólicas e fazer uso de maconha de maneira esporádica, o que aumentou de frequência, até ele desenvolver dependência. Quando o desligaram da empresa, foi substituído na semana seguinte, e, como todos sabemos, o vínculo que ele construiu com a empresa era desproporcional ao que a empresa tinha com ele. Essa pessoa nunca falou sobre o problema na empresa, com medo de retaliações/vergonha pela sua condição. Assim, seguiu desempregada por um período e teve que enfrentar seu sofrimento por um tempo significativo.

Tudo tem um tempo para ser desenvolvido, concluído, realizado. Prazos plausíveis são premissa básica da saúde psicológica nos ambientes corporativos.

Demissão

Este fator se assemelha ao processo de luto que vivemos quando temos que passar por rupturas em nossa vida.

Saliento que, quanto mais tempo passamos em um cargo ou empresa, maior pode ser o sofrimento quando temos que nos desligar, seja de modo voluntário (escolha nossa) ou imposto pela empresa.

Ter um tempo de tristeza elaborando o luto pelo desligamento é saudável, entretanto, quando o luto se prolonga, prejudicando nossa carreira e nossa vida de forma integral, as SPAs se tornam uma possibilidade, muitas vezes mais próxima do que imaginamos.

Investir em autoconhecimento, mentorias e *coaching* relacionados à recolocação profissional são intervenções importantes em momentos nos quais "perdemos o chão".

Possíveis Intervenções

REDE DE APOIO

Com certeza este é um dos maiores desafios quando se trata de intervenções em quadros clínicos de uso de SPAs, visto que os tabus e as barreiras sociais nesse âmbito impedem que os usuários busquem ajuda e formem uma rede de apoio qualificada que funcione de maneira assertiva.

O preconceito em torno deste psicodiagnóstico ainda é um silenciador poderoso que desencoraja o usuário; na maioria das vezes, apenas quando a situação está avançada e a dependência já está instalada em níveis mais graves é que os apoios profissionais são acionados, quase sempre pelos familiares.

A ideia de que "eu paro quando eu quiser" ou "eu consigo sair dessa sozinho" faz com que a ajuda profissional chegue tardiamente e as intervenções se tornem mais prolongadas, com resultados menos efetivos.

Na busca por auxiliar empresas e líderes na superação destas síndromes, faz-se necessário educar os amigos e companheiros de trabalho, assim como os familiares, para que não se tornem codependentes, desfavorecendo as intervenções e estratégias de atendimento.

Essa rede de apoio deve ser articulada para ser um suporte de cuidado e acolhimento do usuário, potencializando a construção de vínculos significativos no processo psicoterapêutico.

Líderes em situações de dependência, de acordo com os prejuízos sociais e de desempenho, precisam considerar com urgência a priorização da saúde, lançando mão de ajuda profissional.

RESSIGNIFICAÇÃO

Na identificação de episódios que começam a sinalizar maior gravidade e impactos do uso de SPAs, uma estratégia imediata pode ser a ressignificação combinada com acompanhamento terapêutico.

Segundo a obra de Dalgalarrondo, o processo de superação implica que o usuário envolva-se em outras atividades para o desenvolvimento de relações afetivas com pessoas significativas, reconquistando, assim, a autoestima.

Cuidados profissionais

É indispensável que profissionais da saúde estejam envolvidos, de preferência como equipe multiprofissional, a fim de dar o maior suporte ao usuário.

Algumas pessoas acreditam que a fé, os remédios, algumas consultas ou outra estratégia pontual e isolada pode dar conta de levar o usuário a superar esse problema, porém, na minha experiência em intervenções, essa questão precisa da combinação de vários elementos, para irmos além das intervenções paliativas, evitando possíveis recaídas.

Em alguns casos, a estratégia de *redução de danos* pode ser indicada a fim de alcançar maior adesão e eficácia nos tratamentos.

COMPORTAMENTO SUICIDA E LIDERANÇA

AVISO: as informações abaixo têm o objetivo de ampliar a compreensão sobre os psicodiagnósticos relacionados ao comportamento suicida e não servem para autodiagnóstico, visto que apenas um profissional habilitado tem as competências necessárias para isso.

O comportamento suicida é historicamente conhecido e ultrapassa barreiras culturais, econômicas, sociais e espirituais/religiosas.

Tive três motivações específicas para incluir este tema neste livro.

A primeira foi levantar a bandeira do sofrimento emocional agudo que acomete milhares de pessoas, inclusive líderes — questões relacionadas à liderança que podem culminar em último estágio a este comportamento. Tive a oportunidade de realizar algumas formações sobre o tema, incluindo uma muito relevante na Universidade Estadual de Campinas (Unicamp) com o psiquiatra Neury Botega, que é uma das maiores referências em pesquisas e intervenções em crise suicida no Brasil, autor do livro *Crise Suicida — Avaliação e Manejo*. Assim, quando tive contato com conhecimentos tão relevantes sobre um tema com tamanho tabu em nossa sociedade, passei a também atuar com uma perspectiva mais educativa em relação à necessidade velada de falarmos e promovermos rodas de conversa sobre o tema, dentre tantos outros relacionados à saúde mental.

O segundo motivo é que, ao longo dos últimos 20 anos, conheci e convivi diretamente com quatro pessoas que decidiram, cada uma a seu momento e pelas próprias razões, a colocar fim às suas vidas. Dentre elas, duas ocupavam cargos de liderança. Além desses casos, acompanhei outros que aconteceram com líderes de diversos contextos, desde líderes corporativos, empresários, autônomos a líderes religiosos.

Assim entendi que, quando falamos de saúde mental e realmente queremos construir um legado de conhecimento e ações que promovam a saúde integral, seria preciso tocar em assuntos muitas vezes desagradáveis, entretanto necessários. Foi uma resposta tardia, mas intencional para contribuir para uma vida e uma liderança mais saudáveis, em memória das pessoas que eu conheci.

Não podemos mudar a história dessas pessoas, entretanto acredito que podemos mudar a história de inúmeras outras, se tivermos coragem e compaixão.

O terceiro motivo, e mais avassalador para mim, é que eu mesmo — diante de inúmeros conflitos existenciais e profissionais, liderando projetos, equipes, família, entre outros papéis que exercia, conhecedor de tantas estratégias e conceitos sobre psicologia, já formado e atuando — experimentei tamanha angústia e desamparo que, por duas vezes, planejei pôr fim à minha vida.

Nunca me esqueço desses dias, quando, dirigindo meu carro, diante de tamanho sofrimento, decidi acelerar e executar o meu plano. Nunca quis morrer, mas viver estava insuportável demais para mim. Naquele momento, por alguns minutos, coloquei-me a pensar em minhas filhas, Lara e Lorena, e ainda hoje posso dizer que elas são a razão de eu estar aqui, de ter tido coragem de tomar as decisões que tomei posteriormente aos fatos que relatei e, mesmo tendo que me distanciar delas por questões pessoais, ainda assim consegui lutar e dar a volta por cima, em um movimento de autossuperação e autocompaixão.

Enquanto tiver vida, tem jeito! Enquanto o fôlego de vida habitar em nós, é possível vencer esse desafio.

Assim, tenho certeza que, das coisas que pude transbordar neste livro, minha maior intenção é acolher, humanizar e promover práticas relacionadas ao desafio de liderar mantendo a saúde emocional e alcançando os resultados a que nos propomos com a nossa liderança.

Diante da notícia de um caso de suicídio, uma reação muito comum é tentarmos entender o que o teria causado. Quando conhecemos a pessoa, ficamos a pensar quais sinais ela teria dado que, talvez, se estivéssemos atentos, poderíamos ter notado e evitado. Uma dose de culpa rapidamente nos toma, assim como uma sensação de perplexidade e indignação.

Tentar explicar uma ideação suicida, uma tentativa ou o suicídio em si é uma tarefa muito difícil, quase impossível. O suicídio é um fenômeno multideterminado que sempre acontece com uma junção de fatores nem sempre compreensíveis a todos, mas, na esmagadora maioria das vezes, com a presença de algum psicodiagnóstico ou síndromes citadas nos capítulos anteriores.

Fato é que, quando alguém desenvolve algum comportamento de autolesão intencional com o objetivo de pôr fim à vida, no fundo deseja por fim ao sofrimento que está vivendo.

O comportamento suicida pode também ser interpretado como:

- Uma maneira de reduzir o sofrimento ou a dor existencial.
- Uma maneira de resolver frustrações intensas.
- Autopunição por supostos erros.
- Um pedido de perdão.

William Shakespeare levou para os palcos um grande dilema da humanidade: a vida e a morte.

> Ser ou não ser, eis a questão
> Será mais nobre sofrer na alma
> Pedradas e flechadas do destino feroz
> Ou pegar em armas contra o mar de angústias
> E, combatendo-o, dar-lhe fim? Morrer; dormir
> Só isso. E com o sono — dizem — extinguir
> Dores do coração e as mil mazelas naturais
> A que a carne é sujeita; eis uma consumação
> Ardentemente desejável. Morrer - dormir -
> Dormir! Talvez sonhar. Aí está o obstáculo!
> Os sonhos que hão de vir no sono da morte
> Quando tivermos escapado ao tumulto vital
> Nos obrigam a hesitar: e é essa reflexão
> Que dá à desventura uma vida tão longa.

Informações Preliminares

O Brasil ocupava em 2015 o oitavo lugar em números absolutos de suicídios entre os países. Para se ter uma ideia, em 2012 foram registrados 11.821 suicídios no país, o que representa em média, 32 mortes por dia, segundo Botega.

De acordo com os levantamentos feitos pelo psiquiatra, um mapeamento escaneado apresenta taxas de mortalidade por suicídio mais elevadas no Sul e Sudeste no Brasil, enquanto as regiões Norte e Nordeste têm taxas menores.

Interessante pensar que as capitais estaduais de forma geral no Brasil apresentam taxas elevadas de suicídio, possivelmente pelos efeitos da urbanização e concentração econômica, que produzem maior quantidade de fatores de risco, pela concentração populacional. Os níveis de industrialização e as angústias referentes à vida e ao trabalho também afetam a saúde mental.

Sobre o comportamento suicida, Botega cita uma pesquisa feita na região de Campinas/SP, onde, para cada dezessete pessoas com pensamentos suicidas, cinco elaboram um plano, três o executam e uma pessoa é atendida em pronto-socorro.

Esses dados são informativos e têm o objetivo de ajudar na ampliação da discussão sobre os fatores que podem levar pessoas aos comportamentos autodestrutivos, na busca por estratégias de prevenção, intervenção e pósvenção.

Existem atualmente algumas teorias que tentam lançar luz aos determinantes dos comportamentos suicidas, sejam de bases biológicas, psicológicas ou sociais/culturais.

Níveis de comprometimento e características

IDEAÇÃO

Caracteriza-se por pensamentos passageiros de que a vida não vale a pena ser vivida e que podem evoluir até preocupações intensas sobre "por que viver ou morrer". Em pesquisas realizadas no Hospital de Clínicas da Unicamp, segundo Botega, a ideação suicida apareceu associada à depressão, ao uso abusivo de bebidas alcoólicas e ao tabagismo.

A ideação suicida associa-se a um aumento considerável no risco de tentativas e a um aumento discreto no risco de suicídio. A presença da ideação suicida é, por si só, um importante sinal de sofrimento psíquico e exige atenção redobrada na avaliação clínica, de acordo com Botega.

Plano

O planejamento do suicídio implica em risco elevado de morte. É a consolidação de ideações, associada a um profundo sofrimento emocional, em que a pessoa se vê incapaz de superar tal situação e também não consegue lançar mão de apoio social, por diversas razões.

O plano requer minimamente uma organização psíquica para se pensar nos meios e no momento em que será realizado. Essa elaboração intencional indica que o sofrimento atingiu níveis praticamente insuportáveis, sem que a pessoa encontre saídas possíveis para superar essa condição.

Tentativa

As tentativas são a execução do plano. Uma quantidade significativa de fatores leva uma pessoa a este estágio, e a partir da primeira tentativa o risco de consumação da ideação aumenta muito.

Fatores de risco ligados à liderança, predisposições e fatores precipitantes

Predisposição é todo contexto, característica ou situação pessoal, social e cultural que aumente o risco do desenvolvimento de algum psicodiagnóstico, no caso, o do comportamento/crise suicida.

Fator precipitante é o acontecimento que precede a manifestação da ação autodestrutiva, no caso, a tentativa de suicídio.

Os *fatores de risco* podem ser classificados entre baixo, moderado e alto, dependendo das predisposições e dos fatores precipitantes em que a pessoa está envolvida. A avaliação deve sempre ser feita por profissionais capacitados, visto que a própria avaliação já pode compor uma estratégia de intervenção.

Dentro dos fatores psicossociais, podemos citar: abuso físico ou sexual; perda ou separação dos pais na infância; instabilidade familiar; isolamento social; desemprego; falência financeira; aposentadoria; violência doméstica; vergonha e humilhação (*bullying*); baixa autoestima; perfeccionismo exacerbado; rigidez cognitiva; e pouca flexibilidade para enfrentar adversidades.

Frases como: "estou cansado de viver...", "este tormento não tem fim...", "estou dando muito trabalho pras pessoas..." e "seria melhor se eu morresse..." podem ser indicadores de risco associado aos comportamentos suicidas.

A seguir, veremos alguns fatores de risco que podem nos ajudar a identificar e intervir preventivamente, reduzindo a possibilidade do desenvolvimento de comportamento e crise suicida.

DEPRESSÃO

Existem três equívocos que podem conduzir uma pessoa a desenvolver comportamento suicida precipitado por uma depressão, de acordo com Botega:

1. Chamar de tristeza um quadro depressivo intenso, estável e duradouro.
2. Crença de que o esforço pessoal consegue vencer a depressão.
3. Descumprimento de regras básicas do tratamento farmacológico.

- *Transtorno bipolar e transtorno de personalidade (especialmente a borderline)*
- Associado a histórico familiar de doença mental ou suicídio; ideação ou plano suicida; acesso a meios letais.

HUMILHAÇÃO NO TRABALHO

A sensação de humilhação é um dos sofrimentos mais intensos que alguém pode experimentar, visto que questiona a capacidade de convivência e habilidade para atuar de maneira competente no ambiente profissional.

Infelizmente os episódios de humilhação são mais comuns do que imaginamos e podem causar uma dor irreparável do ponto de vista da produtividade no trabalho. Quem sofre humilhação experimenta uma dor intensa que, quando associada a outros fatores de predisposição, pode gerar comportamentos suicidas.

ABUSO OU ASSÉDIO MORAL OU SEXUAL NO TRABALHO

Estes fatores por si só são uma grande violação de direito no ambiente corporativo. Causam uma devastação emocional que pode seguramente desencadear crises intensas de sofrimento psíquico e, assim, culminar em comportamentos suicidas.

Este é um desafio importante para quem, como eu, milita em favor de lideranças humanizadas e de alto desempenho, visto que muitas vezes líderes buscam resultados a qualquer custo, inclusive ao custo do sofrimento alheio.

FRACASSO EM PROJETOS RELEVANTES E DE GRANDE VISIBILIDADE

As crenças de autovalor que desenvolvemos vinculadas ao contexto laboral sempre estão associadas aos resultados que alcançamos nos projetos que gerenciamos, bem como com o sucesso da equipe que lideramos.

Todos os episódios de fracasso colocam em xeque nossa identidade profissional e, por isso, têm o potencial de disparar crises de sofrimento emocional que podem se desdobrar, quando associadas a fatores de predisposição, em crises e comportamentos suicidas.

Os 7Ds do Suicídio (Referência - Crise Suicida, Avaliação e manejo - Neury José Botega)

D1 — Dor psíquica

Qualquer autopercepção e sensação da dinâmica emocional que cause sofrimento intenso e duradouro.

D2 — Desespero

Intensa reação a circunstâncias emocionalmente dolorosas que estão fora do controle da pessoa.

D3 — Desesperança

Falta significativa de perspectiva positiva sobre o futuro, o mundo, as pessoas e si mesmo.

D4 — Desamparo

Falta significativa de apoio social para o enfrentamento de situações de forte sofrimento.

D5 — Depressão

Condição psicopatológica/adoecimento psíquico.

D6 — Dependência química

Ideias, reações ou alteração no comportamento, relacionado ao uso abusivo de SPAs.

D7 — Delírio

Condição da alteração do comportamento, causado por crenças fixas irreais ou como efeito de doenças, por exemplo, esquizofrenia.

Possíveis Intervenções e Fatores de Proteção

Flexibilidade cognitiva

Quanto mais estamos abertos para pensar de outras formas e experimentar outras maneiras para alcançarmos uma vida com qualidade e sucesso profissional, mais fatores de proteção edificamos em nossa dinâmica psíquica.

Disponibilidade para aconselhar-se em caso de decisões importantes

Abertura para compartilhar angústias e medos relacionados a decisões de vida é um passo importante para diluir o sofrimento e as perdas inerentes aos processos decisórios.

Disposição para buscar e aceitar ajuda

Abertura e receptividade para receber apoio das pessoas são fundamentais. Você não precisa reinventar a roda, não precisa fazer tudo sozinho, não precisa achar que o seu sucesso só terá valor se você conseguir sem a ajuda de ninguém. Somos humanos e interdependentes, convivemos, coabitamos e coexistimos.

Habilidade para se comunicar

Quanto maior clareza nas habilidades de comunicação intrapessoal e interpessoal, maior será a assertividade na comunicação, o que influencia diretamente a condição emocional.

Bom relacionamento interpessoal

Amizades são fatores de proteção muito eficazes quando estamos passando por episódios de intenso sofrimento. Inclusive, estas acabam por compor uma rede de apoio eficaz no enfrentamento a ideações e crises suicidas, bem como em outras situações.

Práticas coletivas

O corpo está integrado com a nossa mente, e dissociá-lo é um erro muito comum. Buscar intencionalmente práticas coletivas, como esporte e lazer, tem um efeito muito positivo não apenas na intervenção, como também na prevenção de comportamentos suicidas, dentre outros psicodiagnósticos.

Estar empregado

O trabalho é o grande lugar de realização profissional, e é por isso que se torna um importante fator de proteção. Vou dedicar o próximo capítulo a falar sobre carreira e projeto de vida!

CAPÍTULO 9

CARREIRA É PROJETO DE VIDA, NÃO SENTENÇA DE MORTE

Gestão de Carreira do Líder

Ninguém nasce com um crachá de líder. Apesar de termos alguns sinais e fatores genéticos que favoreçam o surgimento de um líder, sempre existirá o crivo cultural. Por exemplo, no Ocidente as pessoas mais extrovertidas têm maior probabilidade de se tornarem líderes, e isso não significa que são melhores que os introvertidos! Já no Oriente, os grandes mestres são os sábios. Eles frequentemente têm um perfil um pouco mais introvertido, alinhado ao que a cultura valoriza.

Assim, podemos dizer que, apesar de termos algumas características inatas que podem favorecer nossa liderança, sempre precisaremos desenvolver outras competências essenciais para o sucesso em liderar.

Pensando em uma carreira de gestão, podemos ter como uma referência importante a publicação *Pipeline de Liderança*, de Ram

Charan, Stephen Drotter e James Noel. Os autores traçam a jornada de ascensão defendendo que o desenvolvimento de lideranças é um dos grandes diferenciais competitivos na era atual e apresentam uma gestão de carreira de êxito em contextos de liderança, passando por seis etapas desde o "gerenciar a si mesmo" até o "gestor corporativo".

O líder precisa entender essas passagens e etapas a fim de ter sucesso de maneira saudável, humanizada e com alto desempenho. Não é fazendo um curso ou algumas aulas que você consegue uma ascensão meteórica; cuidado, pois normalmente essas escaladas agressivas em cargos de gestão pode causar danos emocionais até irreversíveis na vida de uma pessoa.

É necessário cumprir os processos e alcançar maturidade emocional em cada um dos níveis de gestão em que você deseja galgar. Só assim poderá ver o seu legado sendo construído com humanidade e saúde integral.

Dadas essas advertências preliminares, seguimos agora falando sobre carreira, chamado e projeto de vida.

Alguns pontos são importantes para o pleno desenvolvimento da carreira de um líder.

OUVIR E PROVOCAR FEEDBACKS

A busca ativa por melhoria contínua na gestão e liderança passa pela percepção dos superiores, subordinados e pares. Mesmo que trabalhe em uma empresa ou esteja em um nível hierárquico que não realize uma avaliação de 360 graus, você mesmo pode buscar essas percepções, inclusive das pessoas que notoriamente têm algum nível de resistência à sua liderança.

QUESTIONAR SEMPRE QUE PRECISO AS DEFINIÇÕES DO CARGO QUE VOCÊ OCUPA

Você é a pessoa mais indicada para alinhar as descrições do seu cargo com as reais necessidades do setor ou empresa em que você atua. Assim, o líder não pode ser passivo, aceitando tudo o que lhe impõem. É necessário que essa construção seja realizada de maneira em que as suas contribuições atualizem as definições do cargo que você ocupa, gerando maior clareza e foco no que realmente é necessário.

AMPLIAR A CONSCIÊNCIA SOBRE LIDERANÇA CONTEMPORÂNEA

A única certeza é que tudo vai mudar, em maior ou menor grau! Estamos em um movimento existencial em que a atualização constante é uma forma de se manter saudável diante dos novos desafios.

Que tal ser intencional no seu desenvolvimento e investir em si mesmo, em vez de apenas esperar que a empresa faça isso? Seja você a sua principal referência de desenvolvimento! Esteja aberto e receptivo a novos conhecimentos e habilidades para uma liderança humanizada e de alto desempenho.

PROMOVER UM ECOSSISTEMA EMOCIONAL SAUDÁVEL, NO QUAL TODA A EQUIPE ENCONTRA ESPAÇO PARA TER SUCESSO E CRESCER

Deixe o seu ego participar das suas decisões, mas não permita que ele governe a sua vida. Abra espaço para o sucesso dos outros, ajude-os, apoie-os, e assim você entenderá o que é ser um líder lembrado por toda a vida. Você pode fazer a diferença na vida das pessoas simplesmente acreditando e encorajando-as a seguirem seus sonhos e a potencializarem suas habilidades.

Para ter um superdesempenho, você não precisa ser um super-herói

Processo, técnicas e atitudes — não basta aprender coisas novas, é preciso colocar em prática o que você já sabe! Você vai constatar que é possível ter alto desempenho e ser humanizado, e isso não diz respeito a ser um super-humano, e sim uma pessoa que não só acumula informações, mas principalmente usa-as para alcançar seus objetivos.

Lembre-se: carreira é projeto de vida, não sentença de morte.

Sou apaixonado pelo ambiente acadêmico, pela possibilidade de discussão de ideias e produção de conhecimentos. Na verdade, eu odiava provas e acabei descobrindo que a vida é uma sucessão de provas.

Constantemente temos que provar o nosso valor, nossas competências, nossos conhecimentos, e você também já descobriu que não é assim apenas durante o período escolar, mas no processo seletivo, nas avaliações anuais, para conseguir um estágio, um emprego e para manter o emprego também.

Sigo afirmando que carreira é um projeto de vida, não sentença de morte. Mas o que significa isso?

Estou falando sobre a possibilidade de mutação no mercado de trabalho e na gestão da nossa carreira. A pergunta que devemos nos fazer é: quem escolhe quem no nosso projeto profissional?

Eu já vivi muitas mudanças de direção na minha carreira, e conheço inúmeras pessoas que se tornaram infinitamente mais realizadas quando decidiram mudar de direção e ampliar suas possibilidades profissionais.

Conheci dentistas que se tornaram artesãs, psicólogos que se tornaram líderes em equipes de *marketing*, engenheiro que foi liderar equipes de vendedores, líderes de manufatura que abriram o próprio negócio e lideram a si mesmos e outras pessoas, e até coordenadores de qualidade que depois de um longo período na indústria metalúrgica foram estudar Educação Física e hoje têm o seu estúdio de *personal training*.

O campo de possibilidades de liderança é vasto e carece de profissionais com envergadura e amplitude de conhecimentos. Assim, nenhuma experiência profissional é dispensável do ponto de vista de melhorarmos nossa realização e performance como líderes.

Não seja rígido no seu projeto de carreira. Muitas vezes estudamos e nos formamos para exercer uma profissão, mas, quando estamos abertos para as oportunidades que a vida nos apresenta, vemos um universo de possibilidades de nos realizarmos agregando os conhecimentos que já adquirimos.

Oportunidades estão disfarçadas de problemas a serem resolvidos. Seja atento. Não é porque você tem determinada profissão que somente pode se realizar profissionalmente exercendo-a.

Mais do que nunca estamos vivendo o tempo das possibilidades, por meio da internet e das mídias sociais. Assim, eu o convido a estar aberto a reinventar-se profissionalmente sempre que sentir necessidade, e posso lhe garantir que essa abertura e coragem o farão uma pessoa mais autêntica e feliz à medida que o seu autoconhecimento conduzi-lo a escolhas mais congruentes com o seu significado de felicidade profissional.

Tive muitas experiências profissionais desde a atuação como psicólogo social, na saúde. Coordenei equipes de qualidade em empresas do ramo automotivo, já supervisionei equipes de produção, gerenciei projetos em escolas mediante os processos de aprendizagem, atuei como diretor de projetos sociais. Já tive experiências internacionais no desenvolvimento de competências para líderes e dinâmicas humanas, atuei no desenvolvimento de líderes comunitários em projetos para pessoas em situação de vulnerabilidade social. Atualmente uso todo o conhecimento adquirido para oferecer projetos de desenvolvimento de líderes humanizados e de alta performance em empresas, assim como na construção de conteúdo estratégico para mídias digitas para clientes específicos.

Esteja sempre em movimento, e um universo de possibilidades se abrirá diante de você. Ligue o seu radar nas oportunidades que a vida vai lhe apresentar, e você se tornará um líder e um profissional desejado pelas empresas.

> **Se existe uma máxima para a vida de um líder, é esta: a vida que você vive é a liderança que você exerce!**

Liderar a si mesmo determinará tudo em sua liderança. Enquanto você tropeçar na sua autoliderança, tropeçará na vida como um todo. Isso diz respeito à clareza que você tem sobre a vida que quer experimentar. Nem tudo o que você pensa em experimentar na vida será possível; ela é curta demais, e é exatamente por isso que, quanto mais clareza você tiver, mais tempo na vida passará experimentando a sensação de realização da sua felicidade.

Parabéns por chegar até aqui! Tenho certeza que as páginas deste livro o desafiaram a ser um líder mais humano e saudável! Por onde você liderar, levante esta bandeira, não apenas com discursos bonitos, mas principalmente com atitudes congruentes! Pessoas não são recursos, são vidas, histórias, sentimentos!

CAPÍTULO 10

O LEGADO DOS LÍDERES SÃO SEUS LIDERANTES

Você sabe que se tornou um grande líder quando começa a gerar novos líderes. Essa não é só uma frase de efeito, é a cobertura e a cereja do bolo de um líder que entendeu e investiu a sua jornada sendo humanamente acolhedor com as suas demandas emocionais e com a das pessoas que liderou no caminho.

Um dia ouvi que a vida não é simplesmente sobre onde você chega, mas também sobre quem você se torna durante a jornada. Concordo plenamente. Em alguns momentos na minha vida, percebi que o que eu estava fazendo afetava negativamente a pessoa que eu queria me tornar; tive que tomar várias decisões difíceis ao longo da minha jornada e assim será até a velhice, eu sei disso.

É por isso que assumi uma postura de educador, capacitador, formador de pessoas com esse espírito liderante, gente que quer, antes de mais nada, liderar a si mesma, reconhecer-se vitoriosa ao fim da jornada, não porque derrotou pessoas ao longo da caminhada, mas principalmente porque as apoiou a serem melhores a cada dia, acreditou e, assim, transformou vidas.

> **Liderar com o coração é ser firme e sensível ao mesmo tempo. É ser protagonista e plateia, ser quem fala e quem se cala, quem ouve e quem se faz ouvir.**

Liderar com o coração inspira as pessoas exatamente por ter o poder de explorar o que há de mais humano em nós: nossos sentimentos!

> **Para isso, deixo a você uma lição de casa: alimente sua humildade diante de qualquer pessoa, exercite sua presença diante de qualquer assunto, reconheça mais as virtudes do que os erros dos outros e expresse gratidão sempre que puder.**

Só podemos transbordar tudo o que temos e somos na presença de outra pessoa. Liderar é a amizade entre um quarteto fantástico: a *visão* encontrou a *coragem*, ambas se conectaram pela *empatia* e, com a *resiliência*, tentaram até conseguir o que queriam!

A liderança é exercida no trabalho, na família, com os amigos, no esporte, nos jogos, na igreja e, principalmente, com a gente mesmo. O maior de todos os desafios é este, ser líder de si mesmo!

Só marcamos positivamente as pessoas deixando um legado bom quando reconhecemos que para todo início existe um desfecho. Gosto desta palavra pois ela é o contrário do que se entende popularmente: *desfechar* é abrir! Isso mesmo, todo fim é também o começo de algo novo.

Encare os desfechos da vida e da liderança como algo novo, repleto de aprendizados e possibilidades. Deixe de tentar controlar tudo e permita-se fluir nesta imensidão existencial, permitindo também que as pessoas que passem pelo seu caminho o marquem com a humanidade delas, estando disponível e disposto a marcá-las com a sua história.

Só assim, o divã terá valido a pena para você, liderante.

Seja honesto com os seus sonhos, seja honesto com você mesmo, avalie sempre se as suas decisões estão conduzindo-o para uma vida mais saudável e feliz ou se emocionalmente você está experimentando mais sofrimento e dor. Só assim você conseguirá tocar em frente, sepultar os sonhos que já não fazem mais parte de você, e voltar a sonhar novos sonhos.

Um dia, a nossa jornada existencial acabará, de maneira precoce ou não; sobre isso, não temos governabilidade. A única coisa que podemos controlar é como viveremos e lideraremos até esse dia. Assim como não nascemos com um crachá de líder, também não o levaremos deste mundo.

==Viva e lidere a ponto de deixar aqui, nas pessoas, a sua melhor versão, ou seja, a sua versão mais humana!==

DVS EDITORA

www.dvseditora.com.br

Impressão e Acabamento | Gráfica Viena
Todo papel desta obra possui certificação FSC® do fabricante.
Produzido conforme melhores práticas de gestão ambiental (ISO 14001)
www.graficaviena.com.br